和谐校园文化建设读本

班级管理新论

林柏森　许晓菲/编著

吉林出版集团股份有限公司

吉林教育出版社

图书在版编目（CIP）数据

班级管理新论 / 林柏森，许晓菲编著. — 长春：
吉林教育出版社，2012.6（2022.10重印）
（和谐校园文化建设读本）
ISBN 978 - 7 - 5383 - 8987 - 6

Ⅰ. ①班… Ⅱ. ①林… ②许… Ⅲ. ①班级—学校管
理 Ⅳ. ①G424.21

中国版本图书馆 CIP 数据核字（2012）第 116100 号

班级管理新论

BANJI GUANLI XIN LUN

林柏森　许晓菲　编著

策划编辑　刘　军　　潘宏竹
责任编辑　张　瑜　　　　　　　　　　　　　　**装帧设计**　王洪义
出版　吉林出版集团股份有限公司（长春市福祉大路5788号　邮编 130118）
　　　　吉林教育出版社（长春市同志街 1991 号　邮编 130021）
发行　吉林教育出版社
印刷　北京一鑫印务有限责任公司
开本　710 毫米×1000 毫米　1/16　　**印张**　12.5　　**字数**　159千字
版次　2012 年 6 月第 1 版　　**印次**　2022 年 10 月第 2 次印刷
书号　ISBN 978 - 7 - 5383 - 8987 - 6
定价　39.80 元

编 委 会

主　　编：王世斌

执行主编：王保华

编委会成员：尹英俊　尹曾花　付晓霞

刘　军　刘桂琴　刘　静

张　瑜　庞　博　姜　磊

潘宏竹

（按姓氏笔画排序）

总 序

千秋基业，教育为本；源浚流畅，本固枝荣。

什么是校园文化？所谓"文化"是人类所创造的精神财富的总和，如文学、艺术、教育、科学等。而"校园文化"是人类所创造的一切精神财富在校园中的集中体现。"和谐校园文化建设"，贵在和谐，重在建设。

建设和谐的校园文化，就是要改变僵化死板的教学模式，要引导学生走出教室，走进自然，了解社会，感悟人生，逐步读懂人生、自然、社会这三本大书。

深化教育改革，加快教育发展，构建和谐校园文化，"路漫漫其修远兮"，奋斗正未有穷期。和谐校园文化建设的研究课题重大，意义重要，内涵丰富，是教育工作的一个永恒主题。和谐校园文化建设的实施方向正确，重点突出，是教育思想的根本转变和教育运行机制的全面更新。

我们出版的这套《和谐校园文化建设读本》，既有理论上的阐释，又有实践中的总结；既有学科领域的有益探索，又有教学管理方面的经验提炼；既有声情并茂的童年感悟；又有惟妙惟肖的机智幽默；既有古代哲人的至理名言，又有现代大师的谆谆教诲；既有自然科学各个领域的有趣知识；又有社会科学各个方面的启迪与感悟。笔触所及，涵盖了家庭教育、学校教育和社会教育的各个侧面以及教育教学工作的各个环节，全书立意深邃，观念新异，内容翔实，切合实际。

我们深信：广大中小学师生经过不平凡的奋斗历程，必将沐浴着时代的春风，吸吮着改革的甘露，认真地总结过去，正确地审视现在，科学地规划未来，以崭新的姿态向和谐校园文化建设的更高目标迈进。

让和谐校园文化之花灿然怒放！

本书编委会

目 录

第一章　班级管理概述

　　班级管理，一直是学校管理的重要内容。教育者关心最多，而又最令其难以应付的也是班级管理问题。

　　教育是一项关乎千家万户的基础性的事业，在这块巨大的领地里，管理活动是必不可少的；良好的班级管理是教育和教学顺利进行的保证，同时，班级管理也是促进学生身心健康发展的重要手段。因此，如何更加高效地实施班级管理，首先要明确班级管理问题的出发点及其定位，同时要强调班级管理的目标与功能，从而才能够帮助我们教育管理者开展切实可行的班级管理工作。

第一节　班级管理问题的提出

　　班级管理是一项复杂而综合的教育工程。过去的理论研究和实践活动虽然取得了很大的进展，但教育者真正能够掌握与应用的班级管理技术仍是简单而零散的。所以，到目前为止，班级管理照旧是一个困扰学校教育的问题。众多的班主任、科任教师关心最多，最感到棘手的往往是班级管理有效性的问题。

　　对教育者而言，班级与课堂管理是他们职业生涯中尤为重要的任务之一。理论研究与实践都表明，教师的班级管理技能在决定教学的成败方面起着极其重要的作用。一方面，多少年来，教师、行政人员和父母都十分关心学生的行为与学习问题；另一方面，教师的班级管理技能越来越成为影响学生动机、成就与行为的重要因素，因而，教育者采取何种班级管理手段又受到学生与父母，乃至社会的关注。因为这将直接涉及到学生个人及家长的切身利益，也会不同程度影响到社会的发展。

一、学校的形象

在某种意义上说，班级管理状况决定着学校在人们心目中的形象。以此为问题思考的基点，我们的中小学会给人以何种形象呢？

有人认为，我们的中小学纪律森严，约束太多，致使众多天真幼稚的儿童对学校、老师失去了信心。逃学、厌学、恐校成了教育中的一股"瘟疫"，蔓延不断，难以根除；另一些人却认为，目前部分学校纪律松弛，因而带来了一系列问题，甚至会影响到我们这个民族的未来。

观点的不一致，对学校评价的差异性，促使我们就此问题再作一深入的分析与思考。我们的学校到底是何种形象？学校纪律到底是过分严肃，约束太多，还是缺乏纪律，没有约束？问题并不是简单地作出非此即彼的选择，而应从问题的另一角度去作更高层次的研究与论述。我们认为，一些学校常常是以无端的约束，甚至以压制替代科学而合乎人文精神的学校纪律。

1. 缺乏有效的班级管理

我国中小学历来都重视纪律教育，但由于理论研究没有给第一线的教育者和管理人员提供一整套切实可行、行之有效的管理技术，因而班级与学校的管理有时显得无章可循，或者任凭学习者随意行事，或者横加干涉。这样就使得班级管理失去了应有的效果。

2. 滥用班级管理技术

初步的调查发现，中小学中许多教师仍然使用一些过时的，不符合学生身心发展规律的纪律手段。如，体罚、伤害学生自尊心的谴责等。

二、教学活动的需要

班级管理是教学工作无法摆脱的一部分，是每位教师都应重视的问题，因而很难将二者截然分割开来。尽管有许多教师不愿意去管理那些问题儿童，或者不愿意插手儿童的问题行为，但现实又使他们的这一想法难以实现，或者说，这是一种没有现实可能性的选择。当然，我们可以说学校应对青少年负责，但这一关乎责任的模糊表述又常常使人想到这样一个实质性的问题——对儿童负责任的，归根到底还是每一位教师！

可以肯定地说，现实中并不是要减少教师在儿童人格发展与社会适应性发展中的作用，相反地，是要让教师更多地参与这些事务。这是一种教育规律，是不能因某些教师一厢情愿式的责任推诿而改变的。其实，我们现在所倡导的"教书育人"就是关于这一问题的通俗表达。

教师之所以不能对班级管理问题甩手不管，教学之所以无法回避班级管理，主要原因如下：

（1）中小学里常常有许多所谓的"难管"儿童。我们的教育不但不能忽视这些儿童的存在，而且应该保证他们的健康成长。因此，学校必须对这些儿童的智力、情感和社会幸福全面负责。这也是教育人文精神的体现，是实现和开发人潜能与价值的需要，是学校永远不可推卸的神圣使命。

（2）目前，我国中小学普遍缺乏心理健康教育工作人员。这就要求学校教育工作者（特别是教师）承担起这一尚不十分明确的职责。今后的工作，一方面要在学校里逐步推广心理健康教育，组织培训专门的心理健康专家开展工作，另一方面教师理应扮演好心理咨询师的角色，以促进儿童心理的健康发展。

（3）儿童心理诊疗的方法日趋多样化，逐渐从专门的临床会诊走向社会性的心理治疗。学校心理健康也越来越被赋予新的含义。这就要求教师广泛投入到儿童的精神世界中去，积极参与儿童的身心发展活动，使学校真正成为社会性心理治疗的场所。

（4）学习理论的日益普及，各种心理学理论，包括精神分析理论的引入与借鉴，使教师日益感到自己在促进儿童心理健康发展中有着更加重要的作用。有人曾这样断言：教师，不仅仅是一位教师，而且也是一位心理健康专家。

三、老师角色的反思

不可否认，教育学者与心理学者所持的价值观往往是有差别的。价值观的差异势必导致他们在研究问题中所取角度的差异性。

心理学家，特别是心理健康专家们，更多强调的是儿童发展的情感维度，即养成儿童热烈的情感、自发的行为、对他人强烈的兴趣、良好的交往能力、自主判断、民主精神等；教育学家强调更多的却是儿童发展的认知维度，即感觉、知觉、记忆、思维等方面的发展。因为评价教师成就的标准几乎完全是以学生认知发展水平为标准的。目前，我国的教育往往更是以"升学率"为标准来评价教师、判断教育质量。这样做，往往会导致强迫、竞争压力、唯智主义、成绩（分数）中心、学校工作刻板、学业发展与人格发展分割、情感淡漠、孤独、消极、不信任等。

　　理论的研究往往因方向上的不同，会对教师角色提出不同的期望。这样的矛盾性会在实践中导致教师的角色冲突。更为严重的是，无论心理学家，还是教育学家，由于没有完全理解和认识到教师的真正作用，因此，理论的研究往往很少能为教师提供儿童日常行为管理特殊而具体的建议和措施。

　　许多高深复杂的教育理论，固然有其学术价值，但是离指导教育实践仍有一段需要专门人员去走的距离。教师需要的是实际而具体的教育建议，但许多理论却只给他们讲一些夸夸其谈的陈词滥调以及玄妙莫测的词语。这样，教师无奈，只好依靠自己的常识、经验和机智去教学，去对学生进行管理。许多教育理论和心理学理论尽管也从不同角度和层次上承认或解释了儿童的需要，但这还不足以帮助教师去有效地处理"难管"儿童的问题行为。

　　传统而功利主义的观点往往认为教师的作用只在于：

　　（1）教师是团体工作者，因而难以只对一位儿童工作；

　　（2）教师的基本任务在于达到一定的学业目标；

　　（3）教师是文化价值的代表，不宜随意选择自己的行为；

　　（4）教师必须关心目前环境中的现实问题；

　　（5）教师基本上是传授历史与现实中较为固定的知识。

　　现实要求我们对教师的角色进行反思。传统与世俗的偏见往往将儿童的人格发展与学业成绩的提高看作彼此不相关的两个方面，这样就很难使教师真正成为儿童全面发展的促进者和参与者。因此，教师作为班级管理者这一重要角色，应对班级管理作更加深入的研究与学习。

第二节　班级管理的定位

一、班级管理的内涵

实践意义上的教育管理是随教育活动的产生而同时产生的，而把教育管理作为一个独立的研究对象，对它进行系统的研究，从而形成教育管理学理论，则是社会发展到一定时期的产物。它是在教育科学学科群的形成和分化的基础上，在管理学理论引入的条件下出现的。《中国大百科全书（教育卷）》把教育管理学定义为"教育科学的一个分支学科。它研究教育工作的管理和组织领导，包括各级各类教育行政机关和各级各类学校管理工作的科学理论和行动规律。"

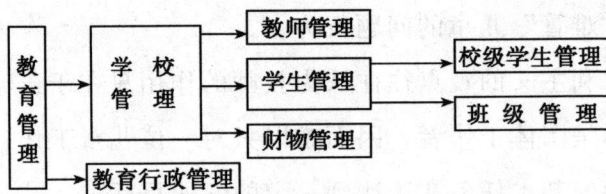

图 1—1

此后教育管理的研究领域又开始分化，通常被分为教育行政管理和学校管理两大部分（如图 1—1），教育行政管理主要研究教育制度、教育立法、教育行政组织、教育规划、教育经费、教育督导等，这是教育管理的宏观领域；学校管理则研究学校管理体制、学校的目标管理、思想政治教育管理、教学科研工作管理、后勤管理、体育卫生管理、课外活动管理、劳动管理、教师管理、学生管理（班级管理）等，是教育管理的微观领域。

学校管理根据管理对象的性质可以分为思想管理和行动管理，行动管理体制又可以分为教学管理和事务管理；根据管理的要素来划分，学校管理体制可以分为教师管理、学生管理、财物管理。

学生管理主要是在班级中进行的，因此，学生管理从群体的视角来观之，就是班级管理。换言之，班级管理是以班级为载体的学生管理。由于学校是育人的场所，是学生发展的基地，是为每个学生提供教育服务的机构，而学生又是生活在班级中的，因此班级管理是学校管理的一个极为重要的组成部分，是整个学校管理的基础和核心。但是，毋庸讳言，班级管理并非一项专门性的管理工作，主要是由教师来承担的，是教师工作的一个重要组成部分，并且是每个教师义不容辞的责任。

二、班级管理的产生

班级授课制是社会教育发展到一定历史阶段的产物，班级管理随班级授课的产生而产生，随师生结合方式的改变而发展。

中世纪时期学校的教学组织工作十分松散，坐在同一间教室里的学生，学习内容和进度都不同，教师只对学生进行个别教学指导，不对全班授课，教学秩序乱，效率很低。为了改变这种状态，大教育学家夸美纽斯在总结 16 世纪新旧各教派所兴办的学校中实行班级授课的初步经验的基础上，提出并全面系统地论述了班级授课制度。

为了提高教学的效能，与学年制班级相配套，夸美纽斯选定了一套比较完整而严密的考试制度。学校的考试分为以下六种：

（1）学时考查

由任课教师主持，每节课上都进行考查。这种考查有时是观摩学生学习是否专心，有时是通过提问进行检查。如"请重复我刚才讲的是什么，你是如何理解的？"等等。

（2）学习考查

由小组长主持，每天学校全部课程结束后，组长与其组员一起复习，检查一下所做的事，力求使小组的成员熟练掌握已经正确理解的材料。

（3）学周考查

每周六午休时，学生自己对自己进行考查，提倡进行互换名次的比赛，任何一个名次比较低的学生有权与本组名次比较高的学生进行竞赛，甚至可以跨组竞赛。

（4）学月考查

每月一次，由校长每月视察各班一次，进行严格的考查。

（5）学节考试

由学校某个班主任与校长一起主持，以便了解谁的记忆力、语言表达能力更强些，作为公开表彰的依据。

（6）学年考试

这是最重要，也是最隆重的一次考试。在学年结束时举行，由学校各方面的负责人参加，全校的学生集中在操场上，通过抽签对学生进行口头上的检查和考试。这次考试将决定每位学生是否能升级。

从以上夸美纽斯所论述的这套考试制度来看，它并不完全是现代意义上的考试制度，只是一种非书面的检查学习的方法，它缺乏考试的规范化性质，但是，它把对学生学习任务的检查作为学校工作中的一项内容，对学生的成长时刻关心，从每天的每节课抓起，这对教学质量和教学效果的提高无疑是一种好的管理方法。

三、班级管理的发展

人类在很长的时期中，曾经把受教育者——学生的被动性作为社会的期望。在那种状况下，学生成长为"人"（表现人的自主性），会受到"非人"的待遇，如体罚等；反之，学生成为"非人"（丧失自主性），才能受到"人"的待遇，才会受到鼓励和尊重。因此说，那时的班级管理方式是专制式的、非人道的。

18 世纪法国启蒙思想家卢梭不但对传统教育提出有力的挑战，而且表述了关于教育对象的新构想。他指责当时的种种"智慧"都是"奴隶的偏见"，"文明"人在奴隶状态中生，在奴隶状态中活，在奴隶状态中死，教育也成为奴役折磨和遏制人的过程。他认为教育的三要素（称之为"三种教育"）中，"人的教育"（教育者的有目的活动）、"事物的教育"（教育资料）都应配合所谓"自然的教育"（受教育者才能和器官的发展），这叫做"遵循自然"。卢梭实际上把教育对象置于教育过程的中心地位，把教育过程变成自我教育的过程。卢梭认为，应该使一个人的教育适应这个人，而不是要去适应他本身的东西。这样，就相应地改变了传统的教育中教师的职能。因为，问题不在于要他去拿些什么东西去教导孩子，而是要他指导孩子怎样做人，他的责任不是教给孩子们以行为准绳，他的责任是促使孩子们去发现这些准绳。

卢梭认识到教育对象在教育过程中的主体地位，堪称关于教育对象的又一发现。教师的作用从原来的直接传递知识与价值观改变成从"旁"助成受教育者学习知识与形成价值观的自主活动。在这个转变过程中，对学生的管理方式由"纪律"的管理变成了"自律"的管理。从这里也能看出管理职能在不同时期的改变。所谓"严师出高徒""教不严，师之惰"，"严"与"不严"都属管理问题。把教育成败的原因归结为"严"或"不严"，可见在那种教育情境中管理职能的重要程度。到了近代，管理只是作为教育活动顺利进行的条件而成为教育者的派生职能。即使从经验上承认"管理也是教育"，也只是把它作为教育活动条件的意义上承认这种经验，或者说，在不严格的"教育"意义上承认这种经验。

现代教育管理与传统教育管理的根本区别在于，传统教育只注重管理的管束功能，以实现教育目标。现代教育管理不仅注重管理对教学服务的功能，而且在理论上和实践中更注重挖掘管理本身的教育功能。

第三节　班级管理的目标

一、班级管理目标的内涵

目的性是人类活动的显著特征，管理活动更是如此。管理活动的目的具体表现为管理目标，它是管理活动的起点，也是管理活动的归宿。班级管理目标是班级成员对班级整体及每个成员发展的期望标准和质量要求，是服务于教育教学，并与教育教学工作密不可分的。

所谓管理的"起点"，意味着班级管理目标只是一种按学校要求的工作设想，它是一种对班级发展的期望或者说是班级的理想，是制订班级行动方案的依据。它的实现需要管理者的努力，需要班级所有成员的主动配合，需要与目标相配套的行动计划和切实的行动，还需要积极争取外部条件，改善周边环境。

所谓管理的"归宿"，是指班级最终所要达到的要求。虽然班级总体目标比较抽象，但是它具有层次性和可分解性，即可以分为最高目标、次级目标、最低目标；还可以在一定的时间段内提出不同的要求，以期达到统一的目标，实现班级的整体目标；我们还可以将班级目标根据内容分解为品德目标、学习目标、健康目标等。

此外，班级管理目标与教育目标既有区别，又有联系。班级教育目标是指受教育者的培养和成长方向所要达到的目标，而班级管理目标则是指班级管理者从事管理活动的方向和目标。班级管理目标的制定，以实现班级教育目标为宗旨，而班级教育目标的实现则以班级管理目标的实现为前提条件。

由于班级管理目标关系班级管理的起点和归宿，贯穿整个班级管理的过程，所以班级管理目标是班级管理工作的宗旨和方向。班级的管理者和班集体全体成员都应该牢记班级管理的目标，所有任课老师和家长也必须对此有所了解。只有这样，班级目标才能被该班级以及与班级有关的人所理解和认同，并成为相关人员共同努力的方向。

二、班级目标的作用

1. 导向作用

班级管理目标从客观上看，它体现了社会和学校对学生的基本要求；从主观上看，它体现了班级成员的理想和愿望。班级管理目标是学校教育工作目标的具体化，是学校教育目标落到实处的关键。

班级的各项活动的开展是在班级目标的指导下进行的，是围绕着班级的管理目标而展开的。作为班级中的每一个成员而言，又是在班级这个小社会中为群体的目标而生活、学习和发展的，所以说它对班级和班级中的每一个成员来说都有导向作用。由于其导向作用的客观存在，所以正确的导向可以使班集体和其中的成员健康成长；相反，片面的或者错误的班级管理目标，就会产生误导，使班级管理工作出现负效应，甚至于使学生偏离全面发展的轨道，使班级出现不正常的状态。

2. 激励作用

当班级管理目标一旦成为班主任和学生的共同认识并转化为他们的自我要求时，目标就成为了大家的努力方向。这样目标就有了激励的意义，这就是说学生把进取目标当作一种激励，并从中体验到成功的喜悦。在集体活动中，当有一些人不断接近目标的要求，目标就对另外一些人产生吸引，从而成为一种激励，即班级管理目标可以成为一种驱动力量，对目标的理解可以使其变为内驱力，在集体中相互比较可以产生外在的驱动力。班级管理目标的激励作用还体现在不同班级的竞争上，虽然各班级的管理目标不完全相同，但是在体现学校要求的主要方面的方向是一致的，要求是统一的。一个班级更好地实现了目标，就意味着这个班级优越于其他的班级。班级的竞争也是实现各自管理目标的竞争，所以作为群体的激励作用也随之产生了。激励作用可以调动学生的自觉性，并产生一种无形的力量，而这种力量反过来又能使目标意识增强，使他们在实现管理的过程中感受到责任感和主人翁意识，从而提高学习和工作的效率。

3. 凝聚作用

班级管理目标是班级组织行为的集中体现。它的实现需要班组织的所有成员凝心聚力，而班级管理目标具有消除班级的内耗，使班级的合力指向同一方向，从而增强班级的凝聚力。其实，班级管理目标的逐步实现过程就是同学们增进了解和共识的过程，也是增强合力的过程。

4. 评价作用

班级管理目标既是一种奋斗方向，又是班级具体工作的指向；它既是预期的，又是现实的。这样，班级管理目标的实现过程，也就是个不断评价的过程。首先，在实现目标过程中做了多少、做得如何，必须以班级管理目标的既定水准进行评价。其次，在师生共同实现目标的各项活动中，又要在评价中予以调整。再次，在师生共同实现目标的各项活动中与目标的距离是以不断的评价来判断的，评价的基本标准就是班级管理的目标。所以，班级管理目标能够自始至终地体现出评价的作用。

三、班级管理目标的分类

班级管理目标的内容根据时间可以分为长期目标、中期目标、近期目标；也可以根据范围分为总体目标和分类目标，总体目标涉及班级在学校中的地位，班级对其成员的影响程度等，分类目标如学风建设目标、品德目标、学习目标、健康目标、公共活动目标等。

班级管理目标在结构上包括目标方针、目标项目和目标值。

目标方针是班级管理贯穿始终的中心和主题，是管理目标的高度概括。它必须具有方向性，即是否符合教育方针、符合学校管理目标；要有明确的表述，富有激励性；要符合学生的利益和需要，能够调动学生的积极性、主动性；能够体现出可操作性、可评价性。虽然每个班级的具体目标可以因时、因地、因班而异，但是，所有优秀的、健康的班级总的发展方向，或者说目标方针大致相同，那就是：优秀的班集体、良好的师生关系和学生的自主管理。

目标项目是目标方针的具体化内容，主要应包括以推行素质教育为龙头，以学生的全面发展为核心，以班集体建设为抓手的班级的、个人的品德要求、学习要求、体育保健、课外活动以及日常管理的要求等等。

目标值是表示目标项目的具体程度和实现状态，可用定性和定量表示。用定性的方式表示目标值主要用描述的方法，这种描述越具体越具备可行性和可评价性；用定量方式反映目标值可用数字表示。定性和定量都是必要的，这样可以使得目标值具有更为广泛的适用范周。

目标值与目标项目相辅相成，互相依赖，缺一不可，因此确立合适的目标项目，还要有切实可行的目标值。具体要把握以下几个方面：

第一，目标值要恰当地反映出目标的要求，有一定的难度，但能达到；有一定高度，但可以操作；有一定的概括性，但可以分解，可以评价。

第二，目标值的确定要对应于一定时限，不能成为无时间限制的值，什么时候达到，或是什么时候达到多少，都要有明确的时间规定；

第三，目标值的达到总是一个过程，因此在确定目标值的同时，又要确定明确的检查办法、评价方法，这样才能保证目标值的实现。如果只是订计划时提出目标值，而又只在总结时去检查评价，就容易使某些没达到的要求难以弥补。

第四，目标值必须是可确定的，量化部分的设定要科学准确，要考虑到相关条件，定值与权重都要合理；定性部分的描述不能空洞、不着边际，要有具体的评价考查标准。

四、班级管理新目标

1. 不同班级的形态及其管理目标

（1）管制型班级

管制型班级指的是以严格管理学生、维持学习秩序为最高目标的班级形态。在这样的班级中，班主任往往不大会考虑"班级教育"，而只会考虑处理班级事务工作的"班级管理"，而且，班级管理本身被当作维持教学秩序和学校工作秩序的手段。即使班级管理被纳入学校德育系统，班主任被当作德育工作者，相关的德育活动也主要限于完成上级布置的"德育"事务，或以"行为规范教育"为名，纠正学生在班级秩序方面的问题行为。

其管理目标即在班级建立严格的规范，以便有效地控制学生，保证传授知识和落实德育的秩序。

（2）学习型班级

学习型班级指关注和利用集体学习氛围或集体思维，以达到知识学习这一最高目标的班级形态。在我国一些教学水平较高的，但对班级教育不很关心的班主任那里，实际形成的班级往往就属于"学习型班级"。据我们所了解，虽然有不少学者或班主任强调要让学生在这种班级中获得比知识学习更广泛、更全面的发展，但这些方面的发展仍附属于各门课程的学习，也就是说，班级管理是围绕着学习活动进行的。

其管理目标是以知识学习为中心，通过教师的指导、学生的主动投入及师生、生生相互作用而形成的集体学习氛围，以完成学习任务。

（3）团结型班级

这种形态的班级，强调以集体主义或班级整体形象为核心，统一思想和行为，因而呈现出班级成员团结一致的特点，故以"团结型班级"名之。相比之下，现在已经很少有人绝对化地坚持这种主张，而是同时关注学生个性等方面的发展，但是，在学校教育现实中，这种班级形态仍有明显的体现。

其管理目标是以"社会—个体"关系作为最高参照维度，强调在班级中形成共同的价值、活动目标与任务以及具有高度凝聚力、高度组织化的群体。其中，有的班级关注通过形成集体的过程来发展学生的个性品质，有的班级强调学生集体应在班级发展中发挥主体作用，而不仅仅是接受教师的管理和教育。

（4）自主型班级

这主要是指我国自 20 世纪 80 年代以来许多地方开展教育改革时逐步形成的一种班级形态，即让学生逐步自主管理班级事务，同时培养学生自主能力的班级形态。目前，这种班级形态仍受到极大的关注，在许多地方属于班级教育改革中正努力追求达到的理想状态。

其管理目标为班干部能自主制定班级活动规划并有效实施，学生能够互相协作共同完成各项任务，从而自主处理班级事务。此外，这种班级还特别关注发展学生的个性、特长，因为要真正自主管理好班级，不可能仅仅依靠统一的思想、单调的组织能力及一致的生活内容。

（5）民主型班级

这是我们主张建立的新型班级，也是我们在多年的班级教育改革中已经建立起来的班级形态。这种班级强调让每一位学生都充分敞现自己的精神世界，以平等的身份民主地参与班级事务，共同创造一个精神家园，并在此过程中提升个体的生命意义。

其管理目标是让每一位学生都能充分展现自己并形成主动发展的动力和能力，使班级成为提升个体生命质量的精神家园。

2. 新型班级的总体目标

在以上五种班级中，当代学校教育最应该追求的就是建设最高境界的民主型班级。相比于已经较为常见的其他四类班级而言，民主型班级可以被看做新型班级。

民主型班级应该借鉴以往班级管理中的可取经验，包括一些具体的方法和形式。但是，最重要的是，班级管理不应满足于维持秩序，不应满足于形成集体学习氛围，不应满足于形成团结精神和统一意志，不应满足于就事论事的自主活动，不应满足于自主管理能力的发展，也不应满足于形式上的民主，即共同参与、平等交往的形式，而应该追求让每一位学生的成长需要尽可能被充分地关注，使他们能在这个复杂变化的世界中掌握自己的命运，并在主动参与创建更合理的集体的过程中最大限度地发挥自己的潜力。

民主型班级的目标，需要从具体的学生个体的角度来考虑，因为这是教育最终得以落实的具体对象。只有让每一个学生都得到更好的发展，我们才能谈到班级的发展以及学校的发展。从具体的学生个体的角度来看，民主型班级能让每一位学生都充分展现自己并形成主动发展的动力和能力，从而使班级成为提升个体生命质量的精神家园。从班级角度来看，每一个学生群体和班级整体都能成为学生个体的心灵之家，成为拓展精神世界，提升生命质量的团体。

第四节　班级管理的功能

在人类社会发展过程中，班级的产生对整个社会产生了深远的影响，从而体现出其对于社会教育发展的重大价值，班级是个体学习发展的微观环境。班级所发挥的功能可能是正面的，也可能是负面的，班级管理的目的就是为了最大限度地发挥它的正面功能，限制以至消除其负面功能。

一、社会性功能

1. 促进儿童社会化

儿童社会化是整个国家和社会得以持续发展的一个重要基础，儿童社会化主要是指儿童通过学习逐渐掌握适应其所属社会的各种知识、技能和行为规范，取得社会成员资格的过程。在这个过程中，人与人之间的交往显得尤为重要，而班级就为儿童社会化提供了一个较好的平台。在班级中，一方面，教师通过教育与教学，有目的、有计划地向班级学生传递社会所要求的价值观念、道德规范，传授作为一个社会成员应掌握的一般知识和生产技能，从而促进班级成员的社会化；另一方面，班级作为一个由教师、学生所共同组成的集体，儿童在处理、协调与他人关系的过程中，不断地学会遵从社会共同的价值体系、认识自己与他人与社会的关系，学会行使自己的权利和履行自己的义务，从而促进其社会化的进程。

2. 提高学生的"做事"能力

学生在班集体里通过学习和掌握系统的文化科学知识、技能，提高认识世界和改造世界的能力，亦即提高学生的"做事"能力。

学校教育以传授知识、技能为基础来促进人的社会化。班集体成员间的积极互动，如适度的竞争与友好的协作、学习心得的及时交流、学习态度和方法的互相参照以及勤勉的学习风气的熏陶，对每个学生都起到激励、启发的作用。通过学习和掌握系统的科学知识、技能，学生大大增强了认识自然和改造自然、认识社会和改造社会的各种能力，为日后承担社会职业角色及进行各种社会活动奠定基础。

3. 为培养合格公民打基础

学生通过班集体中规范化的组织机构扮演各种社会角色，培养公民品质，为做一名合格公民奠定基础。

班集体不同于一般的日常生活的联合体，它是为了有效地达到教育目标而有计划地建立起来的一种机构。虽然不完全等同于一般社会组织，但具有一般社会组织的基本特点。为了实现共同目标和完成各种任务，班集体中设有自治机构，并规定了各个成员的角色、地位、职责、权限，为成员间的协作提供组织保证。正因为如此，班集体成员在共同活动中就形成了责任与权利、指挥与服从等社会关系。正是这种社会关系，培养了学生的组织纪律性和责任心。领导有方的班集体是通过不断变动的组织机构，把集体成员轮流地置于不同的角色地位，让每个成员都参与集体的管理，既学习当领导者，又学习当执行者，既善命令，又能服从，这样的班集体就成为学生体验社会角色，培养社会责任感和公民意识的重要场所，成为公民教育的有效手段。

二、个性化培养功能

所谓个性化是把自己本身的存在看成个人的，并进而追求与人不同的方式去行动。个性化方面的构成要素包括自我概念的发展；自尊心和成就动机的发展；行动、认知、智能、兴趣、思想情绪等所有方面的综合发展。

班级必须努力发现每个学生个性的潜在差异及形成这种差异的条件，进而根据潜在的差异确定可能的塑造方向。

首先，通过丰富多彩的集体生活和集体活动，培养学生不同的兴趣、爱好、特长，形成和发展学生各具特色的能力。在班级中，各种内容和形式的活动，给性格各异的学生提供了较多的选择机会，从而强化了学生的个性差异。另一方面，个人在施展才能，实现自我的过程中需要他人的合作和精神上的支持、鼓励，这些都在班级群体中得以实现。

同时，通过同班学生间的相互比较和评价，促使学生自我意识的发展，形成个人的独特个性。形成独特的个性，必须有一定发展水平的自我意识作基础，也就是说，他要意识到"我"和别人的不一样，明确在不同的社会情景中"我该怎么办"。在班级中，学生通过与伙伴的相对比较，得到自我与他人的评价，通过了解别人的态度和意见，来加深或纠正自己的认识，逐渐从"群体"中分出"自己"，发展自我概念，形成独特的个性。著名教育学家苏霍姆林斯基认为班级的这种功能是集体精神生活中极为重要的一点，是集体中教育艺术的秘诀之一。他认为，不通过别人的态度并与别人相处，一个人是无法培养自己独特的品格的。实践证明，健康的集体舆论与班风良好的班级，有利于形成学生健全的自我概念和积极的个性品质，而班风不正、集体舆论恶化的班级，则会降低学生的"自我"发展水平和养成消极的个性品质。

此外，通过性质和内容各异的集体活动和人际交往，塑造学生的性格，形成各具特点的个性品质

在班级中，由于学生所处的角色地位、活动内容以及交往的对象及范围的不同，形成他们各自特有的需要动机、价值观和伦理观，从而影响着他们对现实的态度和行为方式，形成个人间的性格差异。良好的班级群体能通过有意义的集体活动与积极的人际交往，促使学生形成健康的个性品质。

三、调整性功能

以往人们在探讨班级功能的时候，往往只限于班级对学生的作用，而忽略了班级对教师的作用。这也许与以往人们把教师看成是班级的管理者，处于群体之外而并非是构成班级群体的成员有关。实际上，在班级中，班级生活的构建是师生之间、学生之间共同作用的结果。其中，师生之间的相互作用占据着重要的地位，可以说是班级生活的主要部分。班级中缺乏了教师，也就不能称其为完整的班级。

对于教师来说，他们既是班级中的一个管理者，同时也是班级的成员，处于班级群体关系之中的教师与处于班级群体关系之外的教师，其认识和行为有很大的不同。教师在班级中的管理方式或教学行为，对教师来说是一种实践活动，实践的结果——班级群体的状态对教师具有反馈作用，教师据此来修正调整自己的行为。另外，教师实践的对象——学生是具有主动性、独立性的人，学生也以特定的方式在行为上、思想上作用于教师，使教师的行为或认识尽可能满足自己的需要，这也对教师的行为具有调整作用。师生双方在行为、认识以及需要方面一致性的达成，有利于班级整体功能的发挥，也有利于教师角色的社会化。

四、完善性功能

由于传统的学校缺乏班级这个基层细胞，从而表现出教育和教学效率不高、不能满足广大人民群众的受教育需求等缺陷，而班级的出现就较好地弥补了这一局限，最大可能地完善了学校的教育功能。由于班级是由一群处于相同发展水平的学生组成，一方面通过教师有计划、有目的地对班级学生实施教育与教学，从而达到教育的目的；另一方面，班集体也具有巨大的教育影响功能，在班级中通过人与人之间的相互交往，能很好地促进学生的个性发展，同时也能培养学生的自我教育能力。随着班集体的建立和发展，学生的自我教育也能提高到自觉的程度，学生在班级中能较好地学会自己管理自己，自己教育自己。

第二章　班级管理的对象分析

班级是学校教育的基本单位，是由相互作用的几十名学生共同组成的社会有机体。貌似平静的班级如同运动中的蜂箱，有着多维度的错综复杂的角色网，每个学生都在这一网络的不同层面上扮演一定的角色。

在班级管理的对象分析过程中，学生的角色定位、个体差异及自我需要等都直接关系到学校教育教学质量的提高。因此，如何更加明确地认识班级管理对学生各方面发展的影响，对班级管理目标的实现以及班集体效用的发挥具有重要意义。

第一节　学生的角色定位

在课堂教学中学生是主体，在班级管理中学生同样也是主体。在班级管理中学生主人翁的地位、意识以及发表主人翁式的意见，可以使每个学生的思维成果（智慧）为整个学生群体共享。在民主的班级中，学生们之间的互相启发、互相补充、互相纠正，观点渐趋完善，认识不断深化，不仅有利于班级管理中各项任务的顺利完成，有利于发挥集体的智慧，培养质疑、释疑能力，而且有助于培养学生间团结友爱、互相协作的精神，培养学生学会欣赏他人、倾听他人的不同见解，学会分享他人成功的喜悦。而这一切的形成反过来进一步有助于提高学生的合作意识和合作交流的能力。

班级中学生个体与个体、群体与群体之间的交往，尤其是交流与沟通，对班级管理不仅是措施和手段，而且是可以利用的重要资源。因此，学生合理的角色定位，对班级管理目标的实现以及教学质量的提高都具有重要作用。

一、学生的社会角色

在现实社会生活中，每个人总是隶属于一定的社会组织和群体；在错综复杂的社会关系体系中，他总是居于某种地位，拥有某种身份，担任某种职务。于是人们把这种个体在社会组织中获得的地位、身份、职务等称为一个人的社会角色。例如在家庭中，有父母、兄弟、姐妹等不同的角色；在班集体中，有班主任、任课教师、班干部、一般学生等不同的角色。社会角色实际就是个体的一种职能，一种对每个处在特定地位的人所要求的那种符合社会规范的行为模式，这种行为模式规定着这类人的共同轮廓。社会角色不仅说明了一个人在组织系统中的社会地位，同时也说明了他在组织活动中的行为功能和对社会的作用。

社会角色总是与其相应的社会行为密切联系着的。由社会赋予角色的某种社会行为称为角色行为，而每一种角色行为总是因其文化传统和社会背景的不同而不同。

此外，就角色的社会化而言，角色行为还具有两种含义：

第一，每种社会角色都有自己的一套规范性的角色行为，有时也称为角色标准化行为；

第二，在社会实践活动中，各种人际关系的建立，常常是以彼此对应的角色为基础的，只要他获得了某种角色，社会的其他人就会以相应的角色行为要求他。

例如，在家庭生活中，他是父亲的角色，这就意味着他在家庭中居于一家之长的地位，他的角色行为就应该表现出积极参加工作，负责抚养子女、教育孩子、计划家庭生活等等；他是一个班集体的学生，他的角色行为就应该表现出努力学习，自觉维护班集体的荣誉，自觉履行班集体成员应尽的义务与职责，自觉地以班集体的行为规范约束自己，他的一切言行都应该像一个班集体学生的样子。

二、教师眼中的学生

教师在教育过程中采取何种教育态度和方式，当然是由其对整个教育的认识所决定的，其中教师的"学生观"对教师的教育态度和方式有直接的影响。所谓教师的"学生观"，指的就是教师对自己的教育对象的基本看法。每个教师都有自己的"学生观"，只不过有的教师对此没有很认真地、深刻地思考过，不一定很自觉、很明确罢了。而它却支配着教师的行为，决定着教师的教育态度和相对应的教育方式。

反过来，从教师的教育方式、教育行为也可以推演出教师头脑中的"学生观"，也就是说我们也可以从教师对教育行为的选择中来发现教师的"学生观"，从而更加明确地从教师的角度认识学生的角色定位。

教师在教育过程中的具体行为和看法都能折射出教师的学生观。例如，觉得学生调皮捣蛋、不好管理，就是一种"学生观"。有这种学生观的教师就容易对学生产生胆怯或厌烦的情绪，不敢大胆管教学生，或看到学生就"头疼"。他们在对待学生的态度和教育方法上，往往就会采取"讨好政策"或"放任政策"，事事迁就学生，博得他们的欢心，或是放任自流，对学生干脆不加管束；有这种学生观的教师也容易对学生采取"高压政策"，因为他们认为只有这样才能把学生制服、管住。有的教师把学生看做是言听计从、接受知识的"口袋"，可以任自己摆布、驱使，这也是一种"学生观"。有这种学生观的教师，就喜欢什么事自己说了算。他们惯于对学生指手画脚，发号施令，满足于学生表现上的唯唯诺诺，如此等等。总之，教师有什么样的学生观，就有什么样的教育指导态度和方式。

三、学生在班级管理中的角色作用

学生是班级管理工作的最终对象。工厂的产品是物，班级管理的"产品"是人；班级管理不能像工厂管理产品那样去对待自己的"产品"——学生。学生在班级中是受教育者，是被管理者，但他们不是班级教育措施和管理措施的被动承受者。班级工作只有在学生的积极配合之下才能取得最佳效果。也就是说，要使学生主动地接受班主任和其他教师的管理，并在被管理的同时自己管理自己。

因此，班级管理者在管理活动中应充分发挥学生的自理作用，主要有以下几个方面：

首先，班级管理者要倾听学生对班级工作的意见和建议。班级管理工作是为了培养和教育学生，工作方法是否得当，学生的感受最直接。来自学生的呼声，对改进班级工作有很大的价值。当然，其意义还不止于此。班级管理者——班主任及其他教师，真心地而不是形式地听取学生的反映，认真地而不是敷衍地解决学生提出的问题和满足他们的合理要求，对学生来说，是一种极大的鼓励。班级管理者真诚地做到这一点，可以使学生感到自己是班级大家庭的一员，而不是班级受管束的"过客"，从而提高他们的学习知识、接受教育的自觉性和积极性。最后，班级管理者要通过教育来增强学生的荣誉感，提高他们维护班集体声誉的自觉性。

与此同时，对学生来说，接受教育和自我教育是一个过程的两个侧面。学生自己管理自己，首先体现出自己教育自己。"教育人，就是要培养他对自己有严格的要求。要做到这一点，就不能总是牵着他的手走路，而是还要让他独立行走，使他对自己负责，形成自己的生活态度。"以上海市育才中学为例，他们积极"提倡学生自治自理"，并进行了不少有益的实践。该校校长认为，实行学生自治自理不仅是可能的，而且是符合青少年心理发展的客观要求的。成功的教学实践启示我们：班级管理者要在管理活动中，并通过班主任及其他教师在教育活动中，激发学生的自尊心和上进心，启发他们在思想品德、文化科学知识学习、体育、劳动等方面的活动中进行自我教育。

此外，教师要尊重学生的民主权利。学生是班集体的主人，是自我教育的主体。尊重他们的权利，能够促进他们对班级工作的认同，提高自我教育的积极性。学生的主体权利包括：在教师的指导和帮助下，自主地组织活动的权利；参与班级一些学习和生活管理的权利；对班级教育、教学、图书资料、卫生、劳动管理提出意见和建议的权利等等。班级中有关学生的事，要与学生商量后再去办，学生自己能够办的事，要放手让他们自己去干；学生一时还难以独立完成的事，要帮助他们学着去做。不能事事由学校、班主任下达指令，由班主任作出规定，让学生处于被动服从的地位。服从首先意味着给自己下达命令。这种意志上的举动需要有高度的自觉性，使学校和教师的要求、命令等等与学生的心声融合在一起；使学生懂得所做事情的意义和性质，成为他们的自我要求。为此，班级管理者要经常深入到学生中去，要关心和指导学生的团、队工作，要热情地支持和参加学生自己组织的各项有益的活动。

第二节　学生个体的差异

在班级管理活动中，研究和了解学生个体间的差异性，对做好班级管理工作具有重要的意义。

通过学习，学生们不仅可以取长补短、以长带短，还可以建立和谐的学生关系。"木桶理论"告诉我们：一只沿口不齐的木桶，其存水量的多少，不取决于最长的那块木板，而是最短的那块板。这对于做好班级管理工作，很有启发。

一个班级，正是由几十名学生组成的，正如一只木桶是由若干块木板组成的一样，组成班级的学生有"长"有"短"。因此，要建立优秀的班集体，达到整体优化的目的，作为班主任，必须分清学生群体中的"长板"和"短板"，然后采取科学的方法，把"短板"变成"长板"，从而使班级这个"木桶"的"存水量"达到最大值。

一、学生性格的差异

性格是指人对现实的一种稳定的态度体系和习惯化了的行为方式，是个性特征的重要方面。人与人之间的个别差异，首先就表现在性格上。例如，有的人热情、开朗、活泼、外露，有的人拘谨、内向、冷静、多思，有的人大胆、勇敢、见义勇为，有的人则谨小慎微，见利忘义等等。

性格是一个人对客观现实的一种反映形式，每个人对现实的态度和行为方式总有其特定的表现模式。所以，观察一个学生的性格表现，主要应从以下三个方面着手：

1. 活动特点

外部活动是鉴别学生性格的主要形式。主要是指学生的工作、学习、劳动和文化娱乐等方面。有的学生爱好交际，喜欢参加集体活动；有的学生爱好孤独，喜欢单独行动；有的学生在活动中喜欢充当领导角色，好为人师，喜欢指挥别人；有的学生喜欢追随别人，甘愿接受别人的指挥；在工作、学习及劳动中，有的学生勤勤恳恳，兢兢业业，做事坚持到底，给人以勤劳严谨的形象；有的则总是松松垮垮，敷衍了事，做事半途而废，在困难面前逃之夭夭，给人以懒惰不负责任的形象。

2. 表情特点

表情主要是指一个人的面部表情，动作表情以及衣着、服饰等方面的表现。这些表现常常能够在某种程度上反映出一个人的性格特征。日常生活中，常常听到说某某人的面孔是"阴雨天"，某某人的面孔是"寒暑表"，这说明，从一个人的外貌神态上也可以反映出其不同的性格特征。

正由于人们的性格十分复杂，所以仅从一个学生的某些外貌表情不能完全判定他的性格，必须从方方面面长时间加以分析，才能更好地在班级管理中运用和发挥学生的性格优势。

3. 语言特点

一个人说话的频率，说话的风格、方式和说话的态度常常在一定程度上反映出其性格特点。例如，有的学生说话朴实、真诚、坦率，而有的学生说话曲折、委婉、故弄玄虚、装模作样，或巧于辞令，或工于心计。在生活中，有的学生健谈，有的沉默；在说话的风格和方式上，有的学生很注意抑扬顿挫和语意的完整，有的则平铺直叙，没完没了；有的学生说话轻声细雨或慢条斯理，有的则高声喧嚷或跟打连珠炮一样，令人难以领会等等。

二、学生能力的差异

能力是顺利完成某种活动所必需的个性心理特征，它总是同人的活动密切联系着，并且直接影响着活动的效果。学生的能力是一种多因素的复杂结构，通常可以分为一般能力和特殊能力，优势能力和非优势能力。

同时，在班级管理过程中，学生能力的差异，既有质的差异，也有量的差别，主要表现在以下几方面：

1. 能力类型的差异

所谓能力类型的差异（质的差异），主要是指学生的知觉差异、思维差异和记忆差异等几个方面。

首先，知觉差异主要是指学生在知觉方面有分析型、综合型和分析综合型的区别。属于分析型的学生，对事物的细节感知清晰，而对整体的感知较差，有较好的分析能力；属于综合型的学生，对事物的整体感知较好，而对细节的感知较差，这种学生概括能力较强；分析综合型的学生，则两种类型兼而有之。

其次，思维差异主要是指学生在思维方面具有抽象思维、形象思维、具体思维、逻辑思维的区别。另外，学生在思维的方法上、速度上以及思维的独立性和灵活性方面也有所不同。

此外，记忆差异主要是指学生在记忆方面有听觉型、视觉型、动觉型和混合型的区别。视觉型就是视觉的表象清晰，所谓"过目不忘"，有强烈的遗觉感；听觉型，就是表象清晰，所谓"余音绕梁，三日不绝"即属此类；动觉型，就是动作感受深刻，即所谓动作记忆；综合型就是各种记忆综合使用。

了解学生的能力差异，对于班级有效管理具有重要意义。班级管理者只有掌握了学生的能力特点，才能做到因材施教，量才录用，充分发挥每一个学生的优势。例如，对于管理能力较强的学生来讲，就可适当委任其担任班干部，利用其优势，发挥其特长，同时又便于班级管理。又如，某学生的数学计算能力很强，就可安排其为数学科代表，一方面对其是个鼓励，另一方面也是人尽其能。

2. 能力发展水平的差异

所谓能力发展水平的差异（量的差异），主要是指同龄人之间智力能力的差异。心理学的研究表明：全世界人口的智力分布基本上呈正态分布，即两头小，中间大。属于中等智力的人数最多，约占60%。

此外，各种能力在发展速度上也不尽相同，表现为某些能力发展较早，某些能力发展较晚等现象。

3. 能力表现早晚的差异

能力表现早晚的差异，一般又称为"早期成就"或"大器晚成"。前者，在我国古代有曹植七岁能诗、王勃十岁能赋等等。在国外，据说贝多芬7岁举行音乐会，歌德8岁能阅读五国外文。在近代历史上，这些事例更是不胜枚举。至于后者，我国著名的画家齐白石，到了40岁以后才表现出他的绘画才能。达尔文的《物种起源》是50多岁写成的。这些大器晚成的杰出人物，大都靠的是后天的主观努力。

三、学生气质类型的差异

气质通常是指人的性情和脾气，是一种稳定而典型的心理特征，突出表现为人在心理活动方面的动力特点。例如，有的学生的心理活动发生快而强烈，外部表现十分明显，高兴时，手舞足蹈，喜笑颜开，所谓"情动于中，而形于外"；有的学生心理活动发生慢而微弱，似乎若无其事，即使非常高兴，也是淡淡的一笑了之，所谓"情动于中，而形于内"。

每个学生都会有不同的气质特点，但这些特点并不是偶然地彼此结合，而是有规则地互相联系着，从而构成一种特定的气质类型。

1. 胆汁质

胆汁质的特点是：耐受性高，感受性低；兴奋性高而不均衡，动作反应快，不灵活；情绪容易激动，控制力差，态度坦率、直爽，易于受感染；心境变化剧烈，容易与人发生冲突，性情鲁莽，脾气暴躁，好斗，意志坚定，办事果断，做事倾向于干到底；精力旺盛，心理外向，语言富于表现力，行为冷热不均衡，常常刚愎自用，傲慢不恭。

2. 抑郁质

抑郁质的特点是：耐受性低，感受性高，不能经受强烈的刺激；动作反应慢，不灵活，行动缓慢，具有刻板性；情感体验深刻，善于觉察别人觉察不到的细节，容易多心；神经过敏，感情脆弱，容易消沉，性情孤僻、羞怯，脾气古怪，认识问题慢，缺乏自信，有严重的自卑感；心理内向，喜欢沉溺于内心体验之中；为人小心谨慎，思考透彻，在困难面前容易优柔寡断。

3. 多血质

多血质的特点是：耐受性高，感受性低，能忍受较强的刺激，能坚持长时期的工作；这种学生活泼、好动，反应灵敏，行动迅速，办事快；情绪兴奋性高，外部表现明显，变化大，对人热情、友好，善于交际，富有感染力，容易适应环境的变化，性情不甘寂寞，但坚持性差，容易出现厌倦和消极情绪；在认识上，对新事物敏感，心理外向，语言表达能力强，但认识不深刻，容易受暗示，意志薄弱，注意力不稳定，缺乏知己。

4. 黏液质

黏液质的特点是：耐受性高，感受性低；动作反应慢，不灵活；情绪兴奋性低，不易变化；对人真挚、诚恳，性情安静，脾气柔和，交际适度，遇事谨慎，善于忍耐，不轻易与人发生冲突，富于实干精神，注意力不容易转移，认识不敏感；对新事物缺乏热情，常被人看作是内刚外柔。

实际上，生活中只有少数人是这四种气质类型的典型代表，多数人是介于以上各种类型之间的中间型。每种气质类型的特点，都有好的一面和不好的一面。在一些情况下，可能有积极的意义，而在另一些情况下，可能具有消极的意义。例如，胆汁质的学生热情直率、精力旺盛，但脾气暴躁，易于冲动；多血质的学生反应灵敏，容易适应新的环境，但注意力不稳定，兴趣容易转移；黏液质的学生坚定沉着，稳定忍耐，但反应缓慢呆板；抑郁质的学生工作中忍受能力强度差，容易感到疲劳，但感情细腻深刻，善于察觉别人观察不到的细小事情。所以，在班级管理中对不同气质特点的学生应该因人而异，采用不同的管理方法。

此外，班级管理者不仅要了解每一个学生的知识、能力和思想品德，还要了解每个学生的气质特征。在分配工作的时候，要尽量发挥每个学生气质中积极方面的作用。例如，需要魄力、勇气、力量和速度的班级工作，最好选择胆汁质气质特点的学生；需要灵活应变能力的工作，最好请多血质者完成；需要耐力、持久性的工作，应请黏液质的学生；而那些安静而又细致的工作需请抑郁质的学生去完成。要充分考虑到气质特征和工作性质之间的关系是否协调，这对充分发挥每个学生的潜力和提高班级管理工作效率都具有积极意义。

第三节 学生的基本需要

教学实践表明，在一个能够满足其个人心理需要的环境下学习，学生的行为能够表现得当，学习更为有效。大多数在学校环境中学习优秀的学生，他们都有一种满意感、安全感和被接纳的感觉。另外，学生的需要常常会随着他们的年龄变化而改变。

需要是个体在生活中感到某种欠缺而力求获得满足的一种内心状态，它是机体自身或外部生活条件在脑中的反映。需要既是个人的一种主观状态，又是现实要求的反映。因此，人的需要，既有共同的特征，同时又各具特色。不同的人群，生活在不同的时代，不同的时期，人们的需要又往往既具有某一群体的特色，又具有时代的特色。

一、马斯洛需要层次理论

美国心理学家马斯洛将人的需要分为以下 5 个层次：

第一，生理需要；它包括人的饮食、衣物、住所等方面，这是维持生命延续的基本需要，因此，它优先于其他需要。在这里"满足"是一个基本的、相对的概念，生理需要得到基本满足后，人就可以从这种需要的支配中解脱出来，产生相对高一级的需要——安全的需要。

第二，安全需要；它包括免于危险、恐怖或灾难，也包括职业安全、生活稳定等。

第三，归属需要；它是指人在生理需要与安全的需要基本满足以后，就会产生社会交往的需要，希望得到关心、友谊、情感、爱，希望个人归属于一定的社会群体，如家庭、班级等，并希望在其中有自己的一席之地。

第四，尊重的需要；它包括自我尊重，如独立、自由、自主、自信等，以社会尊重，如地位、名誉等。

第五，自我实现的需要；这是人的最高层次的需要，是指个体追求其潜力和才能的充分发挥，但它并非损人利己、为所欲为的极端个人主义。

马斯洛认为人的需要有一定的层次，阶梯式逐级上升，只有尚未满足的需要才能成为人的行为动力，当人的某一较低层次的需要达到一定程度的满足时，就会产生较高层次的需要；高层次的需要不仅内容比低层次需要广泛，而且实现的难度愈来愈大，满足的可能性愈来愈小；尤其值得一提的是马斯洛认为需要与激励之间存在重要关联，在他看来需要本身就是激发动机的原始动力，一个人如果没有什么需要，也就没有什么动力与活力。

马斯洛认为若要学生有学习的动机，必须满足他们的基本需要。因此，学生大多数的消极行为之所以发生，多与环境没有满足学生的基本需要有关。

二、学生的学业需要

学业的发展是学生极其重要的需要之一。研究表明，学生的学业需要也可分为许多种类，当教育恰当且有效地对学生的各种学业需要作出反应时，学生的学习成绩会明显提高，不良行为会大幅度下降。学业需要的满足会给学生带来一定的安全感以及自我有效感和极大的自信，这都可以成为学生积极主动学习的前提与动力。

1. 学业需要的种类

经研究与概括，学生的学业需要分下列几类：

（1）学习目标的理解与评价

是否掌握和明确学习目标会直接影响到学生学习的进程与结果。一个简单的例子便可说明这一点：让一位儿童无目的地往墙上掷篮球，让另一位往篮筐里投球，后者因有明确的目标，因而会用更长的时间，坚持这种活动，前者却很快感到厌倦而放弃这种活动。学习也是如此，逐渐地，学生就会将学习目标的理解与评价变为自己学业需要的一部分。

（2）学习过程的理解

研究表明，对学习过程的理解会激发学生的学习动机。不仅如此，学生对学习过程的理解也有助于改进教师的教学，包括教学目标的确立、教学方法的选择和教学技能的提高等。另外，让学生掌握学习过程也有助于教师对学生的学习作出有效的评价。

（3）积极参与学习过程

仅限于学生对学习过程的理解还远远不够，必须让学生全部参与学习过程才能收到更好的学习效果。传统的教学模式往往使教师在一个很狭窄的范围内教学，主要局限于教师讲授，学生课堂作业。这种教学的全面控制，阻碍了学生积极参与学习过程的自觉性。

（4）将学科内容与学生的生活联系起来

教育理论与实践充分证明，将学科内容与某些有意义的事件或学生的实际生活联系起来时，会强化学生的动机，并使学习更为有效。而且，如果所学内容不能与学生现有的认知结构相联系，保持也将变得困难。可见，帮助学生深入理解学校内的学习与校外世界之间的关系是至关重要的。

（5）体验成功

成功的体验会养成学生的自我价值感和自信心。教学研究表明，当学生在完成学业任务中有更高的成功率时，他的学习成就便会有增无减。因为成功的体验会有助于学生提高自我期望值，并确立更高的目标；反之，失败会降低儿童的抱负水平。

学生有体验成功的需要，有展示自己能力的愿望，我们的教育就应该创设条件与机会来满足他们的需要。

（6）接受及时而现实的反馈以强化自我有效性

要实现学生体验成功的愿望，就必须有及时而现实的反馈信息，否则会影响学生的成功感。实际上，越害怕失败的学生越需要及时的反馈，失去了反馈，他们就会认为自己的努力没有被接受。

当然，并不是所有的反馈都会有助于学生的学习。例如，恶意的批评或指责却会引起学生消极的态度或降低其成就和创造力，甚至会失去对班级的有效管理或控制。同样，赞扬不适当也会引起消极后果。

（7）对教师的模仿

班都拉的社会学习理论充分证明了学生这种模仿心理的合理性。

实践也证明，满足这种学业需要对学生的学习是极为有利的。

（8）对安全、有秩序的学习环境的需要

非常明显，只有井然有序、安全的环境，才有利于学生的学习。这是学习的前提，也是学习的条件，必须引起教育工作者的充分注意。

（9）与同辈有积极的交流与接触

皮亚杰认为，社会交往会极大地影响学生的学习。开展合作学习、小组活动等形式是十分必要的。

（10）教学要适应学生不同的认知发展水平与学习方式

承认学生的差异性，就说明学生对教学有着不同的需要。只有在满足这些需要的前提下，才可以收到良好的教学效果。

2. 测定学生的学业需要

以上论述了学生学业需要的基本种类，那么，如何测定不同学生的学业需要呢？下面就是一份测试问卷，可供实践工作者参考。

学生学业需要问卷调查表

	经常 100%	大部分时间 70%	一半时间 50%	有时 25%	从来不 0%
理解教师的目标 • 你理解每一课的目标吗？ • 你知道老师所布置作业的目的和理由吗？ • 老师能清楚地向你解释新内容吗？ • 老师在课堂上的指导十分清楚吗？					

	经常 100％	大部分 时间 70％	一半时间 50％	有时 25％	从来不 0％
积极投入学习过程 ·你经常举手回答问题吗？ ·你有机会在课堂上讲述自己的观点吗？ ·你提出过改变班级的计划吗？ ·你是否有合理的时间分别参加小组和全班活动？					
所学内容与生活的联系 ·你认为课堂所学的内容在自己生活的某些领域有用吗？ ·老师要求你从校外收集信息和资料，来完成学校布置的作业吗？					
适合自己的兴趣 ·你能按照自己的兴趣学习一定的知识吗？ ·你能对自己学习的内容作出选择吗？					
体验成功 ·对所学内容你感觉良好吗？ ·在学业中你体验到成功了吗？ ·你完成自己确定的学习目标了吗？					

	经常 100%	大部分 时间70%	一半时间 50%	有时 25%	从来不 0%
接受及时而现实的反馈 • 老师对你学业的评议有益吗？ • 考试可以检验你所学的内容吗？ • 考试与作业可以帮助你明白哪些方面仍需你努力吗？					
适当的班级组织约束 • 你在的班级有秩序吗？ • 你知道何时学习合适吗？ • 你意识到你在班级中的进步程度吗？ • 你理解班级的规则与纪律吗？					
与同辈积极的交往 • 其他同学接纳你的观点吗？ • 同学发言时，其他人仔细听吗？ • 本班同学互相帮助吗？					
教学与学生认知水平，学习方式的适合程度 • 大部分作业对你有挑战性吗？ • 你感到有机会展示你的才能吗？ • 老师的教学方式有助于你的学习吗？					

三、发现学生需要的方法

学生的需要具有动态的、发展的特征，因此，发现学生需要的具体方法要灵活多样，主要有以下几种方法：

首先，主动询问在校学生的需要。每个人都是世界上最了解自己的人，学生本人远比他人知道有什么因素可以使自己舒适、振奋、快乐。尽管学生与成人相比，生活阅历浅，对行为与后果之间的关系了解较少，但学生确实知道哪些环境因素能引发自己的舒适感、安全感、归属感；哪些因素会导致自己的不适感、抵制感以及随之而来的畏缩或攻击行为。如果一个教师着眼于创建一个促进学生学习的环境，那么合理的办法就是教师有计划地促使学生主动地提供关于学习环境的看法。

其次，考查论述学生需要的各种理论及相关的研究成果，这个方法有利于教师了解不同的学生情况，也许更重要的是有利于教师摆脱自己的偏见，可以使教师变得更开放、更宽容，考察问题更全面。

同时，教师应对学生进行系统观察。通过细心地考查学生在各种情况下的行为，教师可以洞悉在哪些方面还未能满足学生的需要。教师必须真正走进学生生活，与学生交朋友，用自己的心灵去体验学生的情感、学生的需要。

此外留意学生学习和生活中的细节，并学会从细节中发现学生的需要。因为大多数的心理需要都会通过外在的言行表现出来，虽然心理需要是不可见的，但是，外在的言行则是可以观察的，尤其是学生在行为中无意表露出来的细节，往往更能反映学生的内心需要与愿望。

第四节　班级管理对学生发展的影响

一、班级与学生的发展

班级作为学生日常学习最为集中的场所，它的存在对于学生身心健康的发展具有重要作用，主要体现在以下几个方面：

首先，班级能够促进学生体质的增强。青少年学生正处在身体发育的关键时期，他们精力旺盛，而班级的存在，通过开展多种有组织的班集体活动，可以锻炼他们的身体，增强他们的体质。同时，班级还能够促进学生知识的增长。学生在班级中，一方面在教学过程中有计划、有步骤地掌握各个学科的知识，另一方面也在各种班级活动中，通过各种感官去感受事物，通过接触各种人与事，获得各方面的知识，开阔视野。

其次，班级能够促进学生良好个性的形成。学生的个性品质、兴趣，能够在班级中得到巩固、发展和调整。在班级中，学生通过与同学的相互交往而变得活泼开朗，或是通过承担各种班级事务而变得冷静、稳重。

此外，班级能够促进学生实践能力的提高。学生能够通过参加各种丰富多彩的班级活动，在活动中不断地看、听、想、说、写和做，各种活动都身体力行，从而提高了自身的实践能力。

二、班级管理突出学生的主体地位

目前，中小学的教学实践活动明确突出了班级管理中的教育主题，即培育新人。这一教育主题在新时代的具体表现，就是培养每一位学生主动发展的意识和能力，提升他们的精神生命质量。

1. 明确班级管理中的发展主体

首先，我们从班级管理实践中听到一种呼唤：如果我们选择以"提升学生的精神生命质量"为班级发展目标，那就需要更明确、更充分地发挥班级中的发展主体的作用。这是因为，只有明确了班级管理中的发展主体，我们才能根据主体的需要主动提炼出班级管理中的教育主题，然后，才有可能根据教育主题形成教育工作的主线。

同时，我们认同这样的观点：教师和学生是教育活动的复合主体。作为独立主体，师生各自扮演的角色和必须完成的活动不可相互取代，因此他们具有相对独立性。但在另一方面，两类主体只有处于交往中的对话状态，开展相关活动并使教育活动逐步通向目的，才能在完全和真实意义上构成教育活动。同时，他们在教育活动中互为主客体，使得各自的活动都面对复合的客体（即一方面是活动内容，另一方面是活动的其他参与者）。因此，师生是教育活动中的复合主体。如果只说其中任意一方是主体，而把另一方置于客体地位，这样的论断就过于简单化、片面化了。

就班级管理这一综合性教育活动的整体而言，教师（包括班主任和科任教师）与学生属于复合性的教育主体。它"是师生合作进行的，为促进学生社会性的形成和个性健康、主动发展而开展的学校实践，是学生在校社会性学习生活的重要组成"。不过，为了便于有效地开展班级管理，可以进一步突出学生作为发展主体的地位，而不只是将其作为教育活动的复合主体之一。

2. 学生作为发展主体的体现

突出学生作为发展主体的地位，并非忽视教师的主体作用。恰恰相反，这是为了让师生的主体作用得到更好的发挥。应该看到，与各门学科的课堂教学相比，班级管理这一教育活动的目标更鲜明、更直接地指向"育人"，尤其是在培养个体追求主动发展的内在力量方面，即"发展学生自我意识与成长需要，增强他们的内在力量"；而在另一方面，在改变学生传统地位和角色、提升学生发展需求与能力这两方面，它也确实有可能发挥不同于"课堂教学"的作用。

首先，就学生个体与班级整体的关系而言，班级整体的发展最终是为了有助于班级中的每一个学生个体的发展，而不能反过来说，个人的发展是为了群体的发展。

诚然，学生个体的发展与班级整体的发展是同一过程的两个方面，它们之间互为因果，而且，个体成熟的标志之一也是他理解和融入人类共性的程度，不过，无论是从抽象的理论思考的角度看，还是从具体的实践操作的角度看，都有必要突出学生个体作为"具体个人"的角色，并防止有意或无意地用"抽象的人"替代"具体个人"，从而造成对每一个具体的学生个体的忽视。

其次，就师生关系而言，师生作为复合主体的共同作用指向的是学生作为发展主体的成长。

尽管师生都属于教育活动的复合主体，不过，在不同的教育活动领域中，他们之间仍存在一些差异。在课堂教学中，教师所具有的学科素养，使得教师在教学活动中居于重要的组织者、引导者地位；而在班级管理这一教育活动中，班主任固然要对班级的发展承担具体的责任，但班主任发挥作用的方式，更多在于幕后的支持、鼓励、帮助，学生则更多地走到前台，自主地开展班级教育活动。也就是说，在班级教育活动中，教师的任务直接指向学生的社会性和个性发展，并在价值导向和策略性选择等方面发挥更大作用，而学生则"具有较之课堂教学更大的自主决策、践行、锻炼与发展的空间"。

此外，将这些观点聚拢可以看到：在班级教育中，师生作为复合主体的作用，就在于让学生成为真正的发展主体，即让学生越来越充分地掌握自己的发展主动权，越来越主动而有效地拓展自己的发展空间，越来越充满智慧地提升自己的发展质量。当然，从教师自身的发展角度来看，教师也是自己发展的主体，如同每个个体都应该是自己的发展主体一样。

三、班级管理对学生发展的具体影响

1. 有助于学生学习成绩的提高

学生在学校的一个主要任务便是学习科学文化知识，一个班集体的优秀与否很大程度上取决于学生学习成绩。通过合理、有效的班级管理，如严格要求上课前的准备、严把作业的质量关、对课堂及自习课的纪律要求比较严格、班级学生安排的座位合理、发挥班干部的模范带头作用等措施可以起到一定的积极促进作用，不仅能使某个学生的成绩稳步上升，同时也能形成良好的学习氛围，使整个班级的学习成绩有所突破。

2. 有助于健康班集体的形成

合理、有效的班级管理最直接的一个结果便是促进健康班集体的形成，建设一个健全的、合理的、高效的班集体是班级管理的中心工作。合理、有效的班级管理不仅能建立民主、平等、和谐的师生关系，同时也能创设良好的班级环境，使学生在其中能感受到温馨和舒适；不仅能形成一个坚强的班级核心，使一大批得力的班干部紧密地团结在班主任周围，同时也能制定、修改与完善班级的各种规章制度，使班级形成一种积极向上的良好文化氛围。

3. 有助于学校德育要求的落实

学校教育工作的首要任务就是学生的德育工作。在德育工作的评价上，任何学校都是以班级为评价单位的，而班级德育工作的对象是人，是学生，人是有思想的、有感情的，人的发展是存在潜在性的。因此，合理、有效的班级管理能较好地发挥这种存在潜在性，通过各

种具体可行的举措，整体提高班级的德育水平，使所有学生都能达到学校的德育要求，比如在仪表发型、日常的行为习惯、遵守学校的各项纪律、卫生习惯等方面，从细节着手，强化学生良好行为规范的养成教育；从具体小事抓起，建立、健全一系列班级管理制度，从而在德育要求上取得实质性的成效。

第三章　班级管理的载体

优秀的班集体，是每个成员的精神家园，是班级管理的载体，是学生成长的乐园，也是培养学生健康人格的重要阵地。

班级是学校按照教育培养目标，把年龄特征和文化程度相近的学生组合起来，分成不同的级别，再分成具有一定人数的班，以便进行教育、教学和管理的组织。班级作为一个群体，如同一张组织化的、密集的网，如果把网的结点视为个人，那么，连接其间的网线便是同学关系、师生关系。

第一节　班集体的构成及特征

班级作为学校的基本单位，是介于学校组织和学生个体之间的桥梁。同时，它在全面贯彻党的教育方针，提高学校教育质量，促使学生身心生动活泼的全面和谐发展等方面，具有独特的积极作用。

一、班集体的构成

班集体是典型的学习型组织，或者说是"专职"的学习型组织。在终身教育的理念的影响下，学习化社会在逐渐形成，学习型组织不仅在研究机构、学校这些知识层次高的组织中已经形成，在企业内部甚至于一些社区也开始形成。

教育是人类社会特有的一种社会现象，是一种有目的、有意识的活动。随着社会生产的发展，人们所积累的知识、经验越来越多，社会对教育的要求越来越高，因此班集体作为一种社会功能单位就应运而生了。

班集体是作为一个正式群体而存在的，与其他社会组织一样，班级有其特定的成员、特定的目标、特定的文化、特定的人际交往及特定的功能。从功能的观点来看，班集体可以被看作一个社会化的机构，也包含着个性化的功能。为了实现这种功能，班级中存在着多种目标，如由课程与教学大纲规范的教学目标，班集体是实现这种目标的机构和主要场所。因此，班集体不仅是一个微观的社会体系，同时也是一种社会组织。

目前，班集体的一般构成要素主要有以下五个方面：

1. 班集体的奋斗目标

班集体的共同奋斗目标，是班集体的理想和前进的方向，班集体如果没有共同追求的奋斗目标，就会失去前进的动力。

2. 班集体的组织结构

一个班级的组织结构是否合理直接影响教育的实施效果，如开学初，首要任务就是确立好班级结构，主要采用模式是以班主任为班级管理中的主干，不直接参与对全班学生的管理，而是对班委会进行管理，再由班委会具体参与班级管理，并由班委会将学校、班主任的管理意图渗透到学生中去。

3. 班集体的人际关系

所谓班集体的人际关系，是指班级成员在班级生活和交往中所形成的人与人之间的各种直接关系的总和。在本班中，师生之间，生生之间，家校之间的关系和谐，有共同的愿望，可以为班级的有效管理起到极大的促进作用。

4. 班集体的纪律、舆论、班风

班级内部纪律、舆论、班风等较好，大部分同学学习认真，成绩优秀，有正确的方向，有共同的目标。

5. 班集体的活动

主要活动有，对班级各学习小组之间的评比、组织学生课间活动的安排、对班里宣传栏的完善等。

班集体是学校的基本单位，学校的社会因素及社会功能与社会的教育因素及教育功能都最直接、最集中地反映在班级这一社会系统之中。因此，教育活动的简单要素也势必是构成班集体的必要成分。

二、班级的特征

班级是学校为了适应和满足社会对人的培养和教育的需要，根据当时社会主客观条件、遵循一定的教育规律和教学计划，综合考虑学生的年龄特征、知识水准、能力和性别、班额配置等要素编成的学生群体。

通常来说，班级具有以下几个方面的特征：

1. 授课制

班级授课制是将学生按年龄和程度编成班级，使每一班级有固定的学生和课程，由教师按照固定的教学时间表对全班学生进行上课的教学制度。班级授课制产生于近代资本主义兴起的时代，是由于要求普及教育，扩大教育教学规模，提高教学质量和效率，从而批判、否定分散的小农经济和封建隔绝状态下长期实行的个别教学组织形式的结果。

就目前教育管理活动来看，班级授课制主要有三个基本特点。

首先，以"班"为人员单位，按年龄和知识水平分别编成固定的班级，即同一个教学班学生的年龄和受教育程度大致相同，并且人数固定。教师同时对整个班集体进行同样内容的教学。

其次，把教学内容以及实现这种内容的教学手段、教学方法展开的教学活动，按学科和年级分成许多小的部分，分量不大，大致平衡，彼此连续又相对完整，这每一小部分内容和教学活动，就叫做一"课"，一课接着一课地进行教学。

此外，把每一"课"规定在固定的单位时间内进行，这单位时间称为"课时"，时间从 15 分钟到 50 分钟不等，但都是统一的和固定的。课与课之间有一定的间歇和休息，从各学科总体而言，可能是单科独进，也可以是多科并进，轮流交替。

与此同时，班级授课制使班级教学在实现教学任务上比较全面，从而有利于学生多方面的发展。它不仅能比较全面地保证学生获得系统的知识、技能和技巧，同时也能保证启发学生的思维、想象能力及学习热情等。

2. 学习性

对于班级中的学生而言，首要的属性是"学习者"，其基本任务是学习。学生学习是为将来进入社会生活做准备的"奠基性学习"。在现代社会中，青少年学生的奠基性学习，尤其是社会文化的奠基性学习，不可能在个体独处的空间里完成，必须在群体生活环境中进行。班级组织正是为青少年学生提供了一种在校期间群体生活的基本环境。班级中，学生学习的内容既有社会为其安排好的，如教学科目的显性课程，也有如班级组织中的各种规范、角色、人际关系等的隐性课程。

我们所讲的构成班级要素的课程主要指显性课程。

3. 规律性

班级的划分和编组遵循一定的规律。首先，由于处在不同的年龄和知识水准阶段的学生，其身心智力的发展水平和特征是不同的，因而获取知识、接受教育的能力也大不相同，所以有必要根据其年龄特征和知识水准所达到的阶段，将学生分级，即划分成年级，以便于集中授课，提高教学效果和效率。

其次，对已划分成同一年级的学生，还要考虑到教学设施、教学方法、教学效果、课程设置、教师水平、学生特点及学生管理等诸多因素，所以又有必要将学生按一定的数量标准和构成标准再进行组合编班，从而划分出了班级这一学生集体。

此外，由于学生并非成人，因而在学校中对于教师难免会存在着一定程度的依赖意识，尤其在学生凭借自己的力量解决问题受挫时表现最为明显。经验表明，在中小学教育的整个过程中，学生的这种依赖意识是不会完全消失的，只不过依赖的程度随年龄的不同而不同。

4. 教育目的性

班级是学校的基本组成单位，是由于学校实现教育目的的需要而产生的。学校的教育目的，就是要根据社会发展的需要培养人才。学校、班级都是社会发展的产物，班级是在社会发展到一定阶段从而产生对各种人才的大量需要的形势下，在学校中出现为适应和满足社会对人的培养和教育的需要而产生的一种形式。简单地说就是，这种形式有利于扩展学校中教育对象的规模。

班级的教育目的性特征仅仅表现在对学生社会化方面，而且也表现在促进学生个性化方面。在社会化的过程中，个性化与社会化是相容的。社会化不是以牺牲自我发展、自我表现为代价的。学习社会的文化，掌握社会的价值观念和道德规范同个人的学习兴趣、需要从来不是完全对立的。强调班级能够促进学生的个性化，就是要使人们充分认识到学校培养的不是社会机器，而应是全面发展的、具有个性的"充分、自由、和谐发展"的人，这是教育的根本目标。

同时，班级的教育目的性是在任何发展阶段都具有的特征。如果说夸美纽斯在 17 世纪首创班级授课制时更多地强调班级只是作为一种"大生产"的组织在提高教学效率方面所具有的价值的话，那么，在现代学校教育中，人们更多地关注的乃是班级作为学校教育的单位对学生社会性发展的影响，这也充分说明教育目的性是班级的重要特征。

三、班级的差异

班级作为学生共同学习生活的家园，是学生成长的天空，也是教师进行教育教学的基本单位。一个优秀健康的班级，能够让学生感到快乐，有利于学生的健康成长；反之，则不然。

通常情况下，优秀健康的班级与不健康班级的差异主要表现在以下几个方面：

首先，健康的班级在教育管理过程中引导学生采用合作原理。个体学生相互合作探究课题，并能够主动地与自身过去取得的成绩对比，以充分掌握自身在学习过程中的进步程度。相比之下，不健康的班级往往采用竞争原理，个体学生之间为了战胜其他同学而接受课题，对学习上有困难的同学不施以援助之手。

其次，健康的班级能够使成员之间相互尊重、相互依赖，达到教学相长的教育目标；而一个不健康的班级往往表现为成员之间相互猜疑，教师的使命只局限于教授学生知识等。

此外，优秀健康的班级通常为民主型班集体，班级成员民主地制订一系列的班规及活动计划；与此同时，一个不健康的班级则是以一切主权在学校作为班级管理的准则，从而完全禁锢了学生的全面发展。

第二节　班集体的形成过程

班集体的发展需要一个过程，需要经历一定的阶段，这个阶段不仅表现在时间上，而且表现在发展过程中的不同特征的各个环节中。同时，由班级的产生到发展至最终形成的整个过程中，伴随着班级管理理论的不断革新与进步。

一、班级的产生与发展

学校班级的产生与发展是一个漫长的过程。

首先，在奴隶社会和封建社会，整个社会的生产力十分低下，生产方式也基本以小农经济和手工业为主，在这种历史条件下，广大的劳动人民对教育的需求并不迫切，教育作为一种奢侈品，也仅面向一部分掌握一定政治权利的统治阶层，于是就形成了一种针对个别而开展的教育形式，即个体化教育方式。在这一时期出现的学校中，教育和教学通常是在某一固定的教学地点，以个别教学的方式进行，对学校之中的学生施以内容相同、方式一致的教学，而不管其年龄和各方面发展水平的不同。这些学校对于学生的学习内容、学习年限也没有统一的安排，学生可以随时入学或退学，受教育者是一个结构松散的群体，没有统一的组织。

其次，随着生产力的发展和社会的进步，一方面要求学校教育不断扩大其受教育对象的范围，不仅要培养社会所需要的统治人才，同时更需要培养大量社会生产急需的劳动者；另一方面，要求学校教育更新教学内容，除了传授思想、观点和一般文化知识外，还要增加自然科学技术的内容，以满足工业化生产的需求。在这种社会发展背景下，学校教育开始逐渐转变原先的那种规模小、速度慢、效果差的个别化教育教学组织形式，而开始尝试建立起一种崭新的教育教学组织形式，因此班级教学应运而生，从而有了"班级"这一教学组织形式。

二、班集体形成的不同阶段

1. 初步探索阶段

在班级形成不久，学生往往对新环境保持着高度谨慎的态度，由于对教师和同学的不熟悉，对新班级的行为规则不了解，所以处事小心，对自己行为的约束性较高。他们的注意力主要集中在了解教师、熟悉同学，了解班级基本行为准则，建立与同学稳定的关系。因此，团体中充满着拘谨的气氛，过去的同伴关系已经渐渐远去、变淡，新的同伴关系又没有形成，同学们都在试探着与其他同学交往，并且也在耐心地观察老师的行为、打听人们对老师的评价，了解老师的特征。

2. 集体融合阶段

当学生对班级环境有了初步了解之后，逐渐步入了集体成员之间的融合阶段。一些学生开始将注意力转向建立并维持新的伙伴关系之中；同时，良好的师生关系也是在这一过程中开始形成的。

3. 师生关系形成阶段

这一阶段学生们的注意力主要集中在教师指导的活动及活动内容和对教师的能力的评价上。一些对教师的指导加以消极评价的学生和团体要求在诸多方面不能适应自身需求的学生，会以非正式群体为根据地，开始对教师的指导做出公然或隐藏的对抗。怠惰的学生也会在开放型的班级气氛中公然表明自己的需求，拒绝教师的指导。如此一来，在这个阶段抗拒班集体要求的学生及其所在的非正式群体，与顺应班集体要求的学生态度就截然不同了。

在这一阶段同学之间的融洽关系和开放型的班级气氛是完全可以实现的。但是，教育的目标不能只停留在培养依赖教师才能展开学习与活动的学生，必须借助自觉的、自治的活动发展学生的自主性与自治能力。为使班级从依赖教师的状态发展为进一步自主的状态，就得培养带领班集体的学生班干部，以辅助教师进行班级的日常管理。

4. 学生个体矛盾阶段

在班集体的形成过程中，这一阶段认为违反集体要求的行为有价值的学生已经不复存在了。每个学生都能各自制订结合自己的学习计划，无论在家中，还是在教室，都能自主地开展学习。学生关注的已经不再是通过夺取各种活动的主要角色去提高自尊，他们较重视谋求自我实现，愿意为了自身和同学的共同成长而合作。谁都可以视需要而扮演主要的角色，班级主要的对立不再是情感上的对立，而是认识深浅的不同、价值观和体验的不同、个性的不同等。这种矛盾是发展中的，由个人的特色带来的，同学之间也是能够相互体谅的，除非在特别困难的场合，班级活动几乎无需教师的指导就能进行。

由于上述的发展过程并不能够十分顺利，教师一旦放松，班集体就会倒退到前一阶段。因此，教师必须根据各个发展阶段的特征，充分组织班级活动，以便使所有学生在班集体中都感受到自我价值感，自我效能感，激发其活动的积极性，并使其获得必要的社会能力。

5. 学生群体矛盾阶段

在班集体形成过程中的这个阶段，以班委成员为中心的班干部群体一方面接受教师的指导，另一方面自主地带领全班同学开展各种活动。教师与学生之间的矛盾减少了，正式群体与反对派之间的矛盾却增加了。由于大量学生班干部的出现，班级整体活动也更加丰富多彩。生动活泼的活动频繁地激发了班级成员间的沟通，进一步加深了班级全员的亲和力，各种活动不管教师在不在场都能照常计划和实施。

在这一阶段，教师无需对每个学生一一提出要求，只需指导班干部群体就可以开展多样的活动，可以体现出自立、自由的规范，学生在课堂教学中也能活跃地发言和讨论。此外，学生本身也可以维护纪律，在长时间的自修课上也能安静地学习，同学之间建立了坦率、亲密的关系。他们主要关注的是借助班级的承认获得自尊需求的满足。因此，他们会评价活动内容、方法、班干部的做法等，毫无顾忌地发表不同的看法，并要求改弦更张。

在班级集体的良好氛围形成后，频繁地从事违反班集体要求的学生和非正式群体在班级就处于孤立的境地，因此，即使强烈违反班级要求的学生也会试图在参与班级活动中满足自身的需求，这类学生往往精力旺盛，但在班级集体中难以发挥太大的作用。当班干部改选时，替代现有班干部、争夺统率力的竞争也会频繁地发生，这些统率力之争并不是感情上的对立，而是所有学生之间亲和的、无所顾忌的必要关系的反映。当班干部的产生成为一种竞选时，班干部群体自主工作的积极性、主动性表现得更为强烈，因为担任班干部不是老师指定的，也不是被动地被选上的，而是自告奋勇的结果，他们必须对得起自己竞选时的承诺，必须比以前的班干部做得更好，压力不是来自外部，而是来自于内部，因此作用更大，效果更好。

第三节　优秀班集体形成的标志

一个班级是一个集体，有着共同的追求与愿望，有特定的教师与学生，有相同的快乐与痛苦……就在这个集体中，可以感受到同学之爱、师生之爱；体验到班级的归属感与荣誉感；明白集体的力量与个人的价值；享受班级的温暖与成长的快乐；真真实实地实现人的自我价值。

一个优秀的班集体，能够让大部分学生感觉到这是一个令人开心、愉悦的班级，一个有助于他们健康成长的班级。

一、具有良好的班风

班风是学生思想、道德、人际关系、舆论力量等方面的精神风貌的综合反映，良好班风一般具有以下几个标准。

1. 有正确的舆论氛围

正确的舆论氛围是形成班集体良好风气的基础。一个班级只有在正面的舆论引导下，并具有正面舆论的主动性和战斗性，整个班级才能使正气得以发扬，不正之风不得施展。

2. 有积极的进取精神

良好的班风也体现在整个班级的进取精神上。只有每一个同学都有积极向上的精神面貌，既有一致的目标，又有强烈的竞争精神，这样的集体才能够保持良好的整体面貌。

3. 有良好的集体作风

良好的集体作风是良好班风的一种体现。良好的集体作风能使班级中的每个同学既文明礼貌，又训练有素，既朝气蓬勃，又能令行禁止，从而呈现出一种积极的、良好的班级风气来。

4. 有和谐的人际关系

和谐的人际关系往往能使班级更具有凝聚力，是良好班风形成的保障。如果一个班级中，人际关系和谐，绝大多数学生团结协作，就能很好地保证班集体的步调一致，才能够保证班级管理的目标顺利实现。

二、共同的班级目标

共同的班级目标是形成班集体的首要条件。几十个学生聚集在一起，如果没有共同的目标就无法形成团结友爱的集体。相反，在优秀的班集体中每个学生都会了解和拥护班集体的目标，并深刻体验到集体的力量和协作精神，认识到自己在班集体中的价值。集体的目标并不是个体目标的重叠部分，也不是众多目标的简单相加，而是各种不同目标整合的结果。这个目标一方面为每个学生所接受，一方面又与学校教育目标相符合。集体的目标决定着集体的行为，没有共同的目标，也就没有共同的行动。作为一个优秀的班集体，只有形成了共同的奋斗目标，才能够保证集体行为具有一致的方向。班集体的目标在宏观层面上来看，又是学校教育目标的子目标，因此，必须与学校教育目标保持高度的统一。为教师、家庭、学校、社会所赞许，同时，班集体的目标也要为每位成员所理解和接受，使其成为个人目标的有机部分，并使学生个人的目标能在集体目标实现的同时得以实现，使每一个学生都能得到最好的发展。

三、健全的班级组织

当学校组织班级时，班主任则被任命为班级的领导者，成为班级的一员。但班主任毕竟不是随时随地都与学生在一起，所以由学生组成的班级领导、管理机构就必不可少了，它包括班委会和团队组织，班干部、团队干部开始可以由教师指定，当学生们都熟悉以后则应当由学生、团队员选举产生，这两个领导机构都需要得到学生、老师和学校的正式承认。

与此同时，班干部、团队干部在班级活动中起着核心的作用，他们依据集体的目标组织班级学生的活动，使学校的教育目标在班级得以彻底贯彻和实现，协调集体目标与班级学生的个人目标，团结同学，使班级具有凝聚力。在一个良好的集体中，如果班干部和团队干部的管理富有成效，就能很好地维持班级的正常秩序，督促同学遵守纪律，解决班里出现的问题，保证教学活动与教育活动的顺利进行。班委会、团支委会本身是班级这个大组织中的小组织，是班级的核心和神经中枢，要担负起调节整个班级活动的任务。班级中设立的平行小组，各科兴趣小组等，是最基层的组织，是进行特色活动、开展合作和竞争的基本单位，是可以利用的重要管理资源。

一个良好的班级除了班干部、团队干部、小组长和科代表以外，还应有一定数量的积极分子。如果说班干部、团队干部对班级学生的影响是正式的，那么，积极分子对其他同学的影响则是非正式的。在一个集体中，成员之间具有互动作用，班级积极分子对其他同学起着积极的潜移默化的作用。

四、协同合作的班级理念

同班同学之间虽然有竞争，但是更重要的还是合作，在当今社会中学会合作不仅是重要的，而且是必不可少的。合作理念的重要意义主要体现在以下几个方面：

1. 合作可以化解冲突

国际 21 世纪教育委员会向联合国教科文组织提交的报告《教育——财富蕴藏其中》中，将"学会共同生活"（learn to live together）誉为现代教育的四根支柱之一。该委员会认为："人类历史始终是一部冲突史。……特别是人类在 20 世纪期间创造的奇特的自毁能力，正在增加冲突的危险。通过传播媒介，广大公众成为那些制造冲突或维护冲突的软弱无能的观察者，甚至成为他们的人质。"在消除冲突、建立合作、增进友谊的过程中教育不仅是大有可为的，而且是最有效的。

2. 合作是竞争的需要

现代社会竞争无处不在，无时不在，国与国之间，机构与机构之间，人与人之间都存在着竞争。竞争与合作似乎矛盾，其实并非水火不容，往往正因为竞争才产生了合作。欧洲共同体就是在经济竞争中产生的合作典型，现在已发展成欧盟（欧元区）；企业之间的兼并和强强联合也正是由于竞争导致了合作。从某种意义上说人类社会的进步是竞争的结果，而进步的结果又加剧了竞争，竞争越激烈，合作越普遍。近几十年诺贝尔奖的成果大多是合作的产物，"阿波罗登月计划"吸引了数以千计的科学家共同参与；近年对宇宙反物质的研究汇集了全世界许多国家的著名科学家的智慧，大家围绕着一个总体目标，分工协作，合作研究，共同探索。

3. 合作是社会分工的需要

现代社会分工的日益加深，每个人的生存与发展都与其他人紧密相连，合作是不可避免的。在自给自足的自然经济状态下，人们的生存对整个社会的依赖性不强，在商品经济高度发达的现代社会里，每个机构都是社会发展链条的一个环节，而每个人则是构成这种环节的千千万万个分子中的一个，人与人之间只有相互合作才能减少摩擦和内耗，发挥整体效用，从而推动社会的发展；也只有合作才有利于单个人自己的生存与发展。

第四节　新型班级的管理目标

多年来的班级教育改革中，我们已经建立起来了这样一种民主型的新型班级，也是一种教育工作者主张建立的，适应班级管理发展的班级形态。

民主型班级强调让每一位学生都充分展现自己的精神世界，同时，班级成员能够以平等的身份民主地参与班级事务，共同创造一个精神家园，并在此过程中提升个体的生命意义。

一、管理目标的特点

1. 规定性

规定性是指班级管理目标既规定着班级管理工作应达到的水平程

度，又规定着学生素质发展的质量标准特性。任何规定既包含定量化的规定，又包含定性化的规定。前者是指用标准数据或数量关系来规定工作质量和学生质量的规定性。后者是指用标准状态或指标体系来规定工作质量和学生质量的规定性。其实，最理想的规定性是定量化和定性化的有机结合。

2. 方向性

方向性是指班级管理目标规定的学生质量必须符合社会主义市场经济对人才素质的基本需要的特性，即具有优良合理人格的人才。否则，班级管理目标就失去了社会价值和教育价值。

3. 层次性

层次性是指不同层次的班级管理目标之间有从属和递进的关系，下层目标的实现是上一层目标实现的保证的特性，即目标的层次越高，其战略性和概括性越高；反之，则体现出它的战术性和具体性。譬如从心理素质目标、认知素质目标、思维素质目标、思维的敏捷性目标到迅速反映能力目标，它们的概括性依次减小，具体性依次增强，即越来越具有操作性。

4. 多样性

多样性是具有相对独立性的不同班级管理目标呈现出多种多样的特性。这种多样性，横向来看，呈现出类别的多样性，如既有科学决策、组织实施、检查评估、总结提高等工作质量目标，又有社会素质、心理素质、生理素质等学生素质目标。纵向来看，呈现出层次的多样性，如世界观目标、人生观目标、价值观目标等。

5. 可分性

可分性是指一个大目标可以分解成若干个小目标。譬如人格素质目标可以分解成社会素质目标、心理素质目标、生理素质目标等；又如世界观目标可以分成自然观目标、社会观目标、人生观目标；道德感目标可以分成爱国感目标、集体感目标、荣誉感目标、尊严感目标、义务感目标、自豪感目标、友谊感目标、互助感目标，等等。这就要求班级管理主体在班级管理实践活动中，将高层次的宏观目标分解成更具体、更明确、更切实的微观目标，通过实现具体切实的微观目标，来确保宏观目标的实现。

二、管理目标的功能

1. 引发功能

引发功能是指班级管理目标能引发班级管理主客体的教育管理需要，成为管理班级的动机，且支配其进行班级管理活动的作用。相反，如果没有班级管理目标，班级管理主客体进行班级管理的主观需要就无法被激活的话，班级管理也就无从谈起。

2. 评价功能

班级管理目标既是一种奋斗方向，又是班集体实施工作的指向，它既是"抽象"的，又是"现实"的。这样，班级管理目标的实现过程，也就是个不断"评价"的过程。首先，在实现目标过程中做了多少，做得好坏，必须以"目标"的基准进行评价。其次，在师生共同实现目标的各项活动中，又要在"评价"中予以鼓励，全班师生在实现"目标"的过程中与"目标"的距离是以不断的"评价"判断的。"评价"的基本标准就是班级管理的目标。

3. 凝聚功能

凝聚功能是指班级管理目标对班级全体师生进行班级管理活动的认知态度和动机行为具有凝集聚合的作用。具体表现为班级全体师生在班级管理活动中，相互配合，相互协调，团结一致，齐心协力，统一行动。否则，将会表现得各自为政，我行我素，甚至内耗丛生，冲突四起。

4. 激励功能

激励功能是指班级管理目标对班级全体师生进行班级管理活动具有激发鼓励的作用。激励作用主要表现在以下两个方面：

（1）明确具体、切实可行、合乎需要而又现实可能的班级管理目标，对学生个体、学生群体、班集体具有激发和鼓励作用，能使学生个体积极主动，创造开拓；同时，能够使班级整体进行自我管理，自我发展完善。

（2）班级管理主体会自觉主动地提高班级管理绩效，争取最有效地达到目标规定的质量标准。

5. 标准功能

标准功能是指班级管理目标对进行班级教育管理实践活动具有标尺准绳的作用。这种准绳作用既体现在它是进行班级管理活动的质量标准，又体现在它是检评班级管理效果的标尺依据。否则，班级管理活动既不知要达到什么样的水平，又失去了检评绩效高低、效果大小的依据和准绳。

三、班级管理目标的确定过程

1. 分析现状

班级管理目标是指向未来的，但又要立足于现实的基础之上，因此，在制订班级管理目标时，必须认真分析现状。

首先，要客观地分析以前的管理工作，寻求可以作为制订班级管理目标的依据。有哪些成功的经验？有哪些失败的教训？为什么？其中哪些因素能够继续发扬？哪些需要作为鉴戒？特别应当考虑的是，在当前深入进行教育改革，全面推进素质教育的新形势下，哪些是适应成分，哪些是不适应成分？应做到心里有数。

其次，要科学地分析班级的现有条件，寻求制订班级管理目标的物质基础。一方面，在人力上，要考虑现有的在班学生、班干部的实际数目，还要考虑班内任课教师的政治素质和业务素质现状，估计通过教育和管理可达到的最高和最低的教学要求水平等。在物力上，要考虑现有的管理设施、管理资料、管理手段等实际情况，按照现代管理要求，它们的适应程度如何，薄弱环节能否在近期内得到改善。还要考虑近期内能够改进或更新的管理设备等。此外，在财力上，要考虑现有的班费中，能够保证用于管理的最大限额，如何发挥微薄的班费的最大经济效益；还要考虑能够挖掘的潜力和可能创造的有利条件等。

2. 整合信息

信息是决策的依据，控制的基础。只有掌握了来自各方面的信息，才能使预定的目标具有预见性，才能使班级管理适应形势的发展。因此，在酝酿班级管理目标时，参与人员必须注意获取信息、整合信息。管理部门把这些外部信息与内部的资料结合起来，便能够作出关于预期结果的估计。班级是为社会培养人才的基层组织，因而，就要把眼光放在社会的广度上去整合信息。

3. 把握理论

经过分析现状，整合信息，形成初步的目标构想之后，把握理论这项工作显得更为重要，因为理论往往是正确观点的科学依据。无论是哪类班级，制订班级管理目标，必须吃透党和国家有关教育的方针政策以及各级主管部门关于教育教学的文件和指示精神；还应当掌握有关教育教学的科学理论，诸如现代管理和现代教学方面的理论，以及教育学、心理学、教育心理学、组织行为学等，以明确班级管理的方向，进而将目标构想变成切实可行的管理目标。

4. 确定目标

在进行班级管理目标确定的过程中，应明确班级的管理目标与教师"教"学生"学"的能力水平和有关人员的教学服务水平都有密切关系。因此，确定班级管理目标，不仅应注意到学生的学习质量目标，还应考虑到教师的教学质量目标和其他有关人员的教学服务质量目标等基本内容。三个方面相辅相成，互为影响，缺一不可。

四、新型班级的发展目标

1. 教师成为发现者和创造者

师生是教育活动的复合主体，没有教师的主动发展，就难有学生的主动发展。教师是学生发展可能性的发现者和创造者，他们利用自己的智慧和心灵，了解、感受和辨析学生生活中的各种现象，从中发现和创造新的发展可能性。

实际上，让学生个体与班集体成为相互促进的精神生命体，一个关键的因素就是教师拥有更为博大的胸怀和高尚的心灵。称其博大，是因为教师要能真诚而宽容地面对学生的一切真实生活内容，无论是阳光还是风雨，是快乐还是忧伤。称其高尚，是因为教师不仅要宽容，更要善于点拨学生的思想，提升学生的精神生命质量。无论我们的学生多么幼稚或者多么复杂，我们都要尽力从他们身上找到发展的可能性，并且通过我们的专业工作，将这种光明的空间尽可能敞现在他们面前，让他们走进这一阳光地带，甚至让他们学会从风雨之中创造出属于自己的阳光地带。

2. 学生成为民主参与班级生活的主体

学生是主动寻求自身健康发展的主体。他们拥有潜在的主动发展动力，也需要在复杂的社会生活中提高生命质量。他们的发展需要应在班级生活中得到关注，教师应激发他们的发展动力，使他们形成主动发展的能力。从这个角度看，我们可以从当代人本主义心理学和心理辅导、心理健康教育中得到的一个重要启发就是：要相信每一个人都有主动发展自己的潜在可能性，而教育所要做的就是发现这样的可能性，精心呵护和培养它，让这种主动发展的意识和能力被学生自己意识到，并促使他们努力发展它，让这种主动发展的可能性转变为现实的发展力量——既为学生个体，也为他们主动融入的集体和社会。

就班级教育来说，应该尊重每一个学生个体、每一个学生群体和整个班级的主动性、积极性以及学生之间的差异性，让每一名学生都可以成为民主参与班级生活的主体。

3. 班级活动焕发生命活力

在民主型班级中，需要根据学生个体和群体的需要，从班级成员之间相互作用、学生与家庭和社会相互作用的角度创造班级活动。这样，班级就成为学生展现多方面才能、主动实现全面发展的舞台，个体在参与班级事务和各项活动的过程中与同伴一起营造具有自我更新功能的、开放性的民主型班集体。

其中，班级活动的主题与内容不再是单方面地由上级或教师预先安排，班级活动更不是为了完成上级布置的任务或说教而组织，而是应将社会要求、学校要求与学生真实的生活内容结合起来，着眼于学生个体和集体的发展需要，在全体班级成员共同参与讨论的基础上对班级活动的内容进行选择或创造。在此基础上，还应采用各种形式，发动全体成员出谋划策，完善班级活动方案，共同实施活动，使之成为展现才能、拓展视野、提升品位的平台，使学生的生命活力充分地焕发出来。

4. 班级文化充满成长气息

在我们看来，班级的重要价值就是促进学生的精神生命成长。为此，班级中的显性标志、物化作品和心理环境、深层体验，都应该为学生的阳光生命而存在，让学生的生命成长气息渗透在班级中的每一个领域、每一个阶段、每一个要素之中。能够包容如此复杂而又具有整体性的内涵的，当属班级文化。

首先，通过民主方式生成和完善班级制度。当代教育要适应当代中国社会走向民主和法治的趋势，在师生、生生交往中既强调培育独立的人格，包括具有整体性、丰富性的生命内涵，也强调根据班级生活的需要创造并遵行一定的规范。为此，可以根据学生的发展和班级生活的需要，民主设立各种岗位，并在民主评议岗位负责人的行为表现的过程中，认同和创造合理的班级生活规范，逐步完善班级的管理制度。即使是由上级部门颁布的"学生守则"或"行为规范"等文件，也应该交由学生进一步讨论，甚至是辩论，因为未经自觉理解和理智辨析的规范往往只能被盲目愚昧地执行。事实上，在讨论和辩论中，学生们的理解往往会更具体、更深刻。

其次，教室环境更充分展现学生的成长状态。教室，不仅仅是一个物质空间，更是一个心理空间，它是为学生的成长而专门营造的一个空间。因此，民主型班级应该特别关注教室环境，让它从多方面反映学生的精神生活，反映精神生命的成长气息。发动学生主动设计和具体布置教室环境，就为达到这样的效果提供了机会。如果再加上班主任充满专业智慧的点拨，这种机会就能为学生营造更大、更好的发展空间。

5. 班级关系和谐温馨

在民主型班级中，师生关系更多的是用心发现者与主动敞现者、促成发展者与主动参与者的关系。这就是说，教师为学生的主动发展提供机会和点拨，包括主动发现学生的发展空间，为学生提供敞现精神生命的机会，让学生感受自我发现、主动发展的教育过程。学生逐步学会主动敞开自己的胸怀，主动关心他人，并在与他人的交往中共同创造美好的集体生活。

每一位学生都在创建民主型班级的过程中实现主动发展。其中，尤其重要的是，通过师生交往和生生交往，学生逐步形成清晰的自我意识和主动发展的能力，在参与集体生活的过程中丰富个体的生命实践，提升个体的生命质量。每一位学生的真实生活内容，都可以成为班级发展的资源；每一位学生的真诚努力，包括与他人的合作，都可以成为班级发展的内在动力。

第四章　班级管理的原则

在班级管理中，管理者若想正确掌握班级管理的方法，必须要遵循相关的管理原则。

班级管理原则作为管理工作的基本要求和根本准则，一方面要吸收一般管理科学中的一些最基本的原则，因为这些原则是适用于各行业的，是共性的；另一方面，又要考虑班级管理本身的特点，要反映班级管理工作的个性，尽可能把共性和个性结合起来，在个性中体现共性。

学习和研究班级管理原则，不仅是班级管理工作的客观需要，也是班级管理学学科理论建设的必然要求。

第一节　尊重原则

爱与自尊是人的基本需求之一，如果学生认为没有被人爱，得不到别人的尊重，就不可能有强烈的动机去实现教育的目标。因此，在管理班级时应尊重学生，对学生提出要求时要特别强调完成这项任务的艰巨性以及成功所需要的高超技巧等，从而使学生意识到自己受重视的程度，提高他们对自己表现的自豪感，满足学生爱与自尊的需求。

一、相关原则

1. 需要层次理论

前面我们也提到了美国心理学家、教育学家马斯洛的需要层次理论，他认为，在人的内部存在着一种向一定方向成长的趋势或需要，这个方向一般可以概括为自我实现，或心理的健康成长。在研究自我实现者的实例的基础上，马斯洛提出了系统的"需要层次理论"。把人的各种需求从低级到高级分成5个层次，由较低层次到较高层次依次为生理需求、安全需求、社交需求、尊重需求和自我实现需求。在马斯洛看来，只有在较低层次的需求得到满足之后，较高层次的需求才会有足够的活力驱动行为，已经满足的需求，不再是激励因素。人们总是在力图满足某种需求，一旦一种需求得到满足，就会有另一种需要取而代之。

其中的尊重需求既包括对成就或自我价值的个人感觉，也包括他人对自己的认可与尊重。有尊重需求的人希望别人按照他们的实际形象来接受他们，并认为他们有能力，能胜任工作。他们关心的是成就、名声、地位和晋升机会。这是由于别人认识到他们的才能而得到的。当他们得到这些时，不仅赢得了人们的尊重，同时其内心也因对自我价值的满足而充满自信。不能满足这类需求，就会使他们感到沮丧。如果别人给予的荣誉不是根据其真才实学，而是徒有虚名，也会对他们的心理构成威胁。

2. 主体教育理论

所谓主体教育，简单地说就是依靠主体来培养主体的教育。具体说主要有三层含义：第一，把学生培养成未来社会生活的主体，弘扬人的主体性，这是主体教育的基本价值立场。第二，在教育活动中，学生是正在成长着的主体，他有一定的主体性，又需要进一步培养和提高，这是主体教育人性论的体现。第三，只有发挥人（教育者和受教育者）的主体性，才能培养主体性强的人，这是主体教育所采取的基本策略。主体教育的终极目标是使每个人全面、自由、充分地发展。

3. 个性教育原理

卢梭在《爱弥儿》中阐述了他的浪漫主义个性教育思想。卢梭认为，人生来是自由的、平等的；在自然状态下，人人都享受着这一天赋的权利，只是在人类进入文明状态以后，才出现人与人之间的不平等、特权和奴役的现象，从而使人失掉了自己的本性。他写道："出自造物主之手的东西，都是好的，而一到了人的手里，就全变坏了。"因此，他主张对学生进行"自然教育"。所谓"自然教育"，就是要服从自然的永恒法则，适应自然发展过程，听任人的身心的自由发展。因此，卢梭设想对下一代的教育应该让他们摆脱丑恶的城市，在古朴尚存的乡村返归自然，让下一代在生活和实践中，即在"实行"中"率性发展"或者说"自然的发展"。这种发展注重的是个性，是受教育者的独立性和独特性。由于卢梭把个性发展与社会生活对立起来，设想一种不可能实现的脱离社会现实的教育模式，就使其合理的尊重学生，顺其自然发展个性的思想具有浓厚的浪漫色彩。

二、尊重学生的人格

作为人就有人格，而每个人的人格是平等的。一些班主任往往因传统师道尊严的影响，对学生采用"长者"的姿态，无视学生的人格，对学生进行压服，从而引起师生之间的对立现象，引起学生的逆反心理，从而增加班级管理的难度，也失去了班级管理的教育目标。因此，作为班主任，应把学生当作一个人来对待，明确师生是价值平等的主体，尊重学生的人格。

此外，在班级管理中，尊重学生的原则还有以下几个具体要求：

首先，尊重学生就要求教师不管学生怎样，都应该一视同仁，无条件地从整体上接纳学生，给予关注。

同时，在班级管理中，班主任应相信学生，对学生抱以积极的期待。学生作为一个逐渐发展的个体，往往有着各种各样的优点，也会出现这样或那样的错误。教师要充分相信学生，对学生的优点给予肯定，对学生的错误要学会容忍。在全面了解学生的基础上，对学生的发展持积极乐观的态度。在这种良性期待和积极暗示的心理氛围下，学生受强烈的自尊心的驱使，一定会努力进取，完善自我。

三、尊重学生的个性

作为班级中个体的学生，有着自己不同于他人的特点和个性。因此，班级管理需要个性，应该承认学生的个性差异，依据多元评价理论对其进行正面而积极的评价，使学生体验到自己能够被承认，从而唤醒学生的自我存在意识，让每个学生都能够看到自己的闪光点，看到自身的价值，鼓起自信的风帆，这样每个学生才都有可能到达成功的彼岸。

在西方，最早注意到学生个性差异并提倡根据学生个性差异而进行教育的教育家是古罗马的昆体良。他认为，教育的过程是对学生的关心，人的心性是不同的，教育者必须根据学生的心情进行教育。首先是因为人的观察性不同，倾向各异，教育应根据其观察性、倾向、才能进行施教。其次，必须遵循儿童的年龄特点，要了解并且确定儿童在不同年龄时期的接受力。

此外，在班级管理中，尊重学生个性的原则有以下几个方面的具体要求：

第一，开发学生潜能。在班级管理中，应注意学生潜能的开发，研究学生潜能开发的有效方法，牢牢掌握每个学生的发展优势，在通过对优势的有效强化，树立个体的自信心的同时，引导个体去弥补弱势，实现人人都能成才的教育理想。

第二，尊重学生差异。在班级管理中，学生与学生之间表现出各种各样的心理差异，如有的学生比较迟钝，而有的学生很聪明；有的学生活泼好动，而有的学生沉默寡言；有的学生善于交际，而有的学生则喜欢独处。因此，在班级管理中，尊重个性的原则就要求班主任承认学生的差异，重视学生的差异，研究学生的差异，从学生的实际情况出发，有的放矢，区别对待。

第三，注重多维的个性评价。在班级管理中，单一的评价模式往往会忽略了学生的背景差异，忽视了学生发展的个性特点，不仅不能对学生的发展起积极的指导作用，而且还抑制了学生的创造性、情感、意志等重要品质的发展。因此，班级管理的尊重个性原则要求班主任在班级管理实践中进行多维的个性评价，在承认学生有个性差异的基础上，用"多把尺子"来衡量学生，采用多种模式来评价学生。

第二节　全面管理原则

管理过程中要始终坚持使学生全面发展，并且要把所有学生作为我们的管理对象，一视同仁，兼顾全局。这里的全面发展，不仅不排斥个性发展，而且是以每个人的自由发展为条件的。这就是我们所说的全面管理原则。在班级管理实践过程中，全面管理的原则对于促进学生全面健康成长具有非常重要的意义。

一、重视学生的全面发展

首先，一所学校办得好坏，要从德、智、体、美、劳诸多方面全面衡量，要看这所学校毕业出来的学生是不是德、智、体等全面发展，不能只看升学率的高低。不仅要看已经升学的毕业生的表现，还要看没有升学的毕业生在德、智、体诸方面是否经得起考验。学校的教育质量要靠教学来实现，因此，班级管理者在实施班级管理的整个过程中就应该注重学生的全面发展。

近年来的教育实践证明，只有遵循德、智、体全面发展的办学规律，才能培养出合格的人才。学校管理人员，尤其是班级管理者，应该把德、智、体、美、劳全面发展这条办学规律作为根本的指导思想，作为衡量教育质量的主要标准来指导自己的管理活动。

其次，一个人是不是合格的建设人才，要看他是不是德、智、体、美、劳等全面发展。有德无才，仅仅是思想品德好，缺乏科学文化和专业知识，没有为人民服务的本领，并不是合格的建设人才；有才无德，即使学习优秀，文化科学和专业知识扎实，但思想品德不好，只想为自己谋利益，不愿为人民服务，更不是合格的建设人才；有德有才，但由于忽视锻炼，体质虚弱，不能坚持工作，空有报国之志和建设之才，也不是理想的建设人才。所以说，有德无才，有才无德，有德有才而体质很差，是畸形发展、片面发展的结果，这几种类型的人，都不能承担社会主义建设的重任。所以，班级管理者必须树立使学生全面发展的观点。

二、和谐的班级人际关系

班级管理中全面管理原则的一项基本要求就是：建立和谐的班级人际关系，让学生感到快乐和自豪。但是，事实上许多学校并未实现这一目标要求。大多数学生害怕惩罚、嘲笑和失败，这种害怕使得顺从的学生以一种社会可接受的方式表现着自己，但却未使他们对学校和学习感到兴奋和快乐。研究表明，学生在一种免于强制和恐吓的气氛中会工作得更加刻苦努力，争取学生合作和信任是解决的途径之一，而教师必须找到授权的方式以释放其潜能，而不是仅仅强制他们行事。教师必须让学生真正感觉到：课堂里没有嘲笑、羞辱和指责。

三、积极的课堂文化

班级管理中的全面管理原则重视组织文化的形成，学校和班级，创建积极的组织文化虽然是一个"软指标"，但却非常的重要。积极的课堂文化应该是一种尊重学生的观点、问题，宽松和谐的环境，以及鼓励学生提问、概括、假设和陈述的课堂氛围；高度鼓励和评价学生的积极参与；形成学生之间及教师和学生之间的相互合作关系；高度评价学生的学术的严谨性和对已有思想和观念的质疑等。

与此同时，全面管理原则强调课堂教学环境的建设。改变课堂环境的一个最有效而简便的方法，就是改变教室中桌椅的摆法。教室中桌椅的环形摆法实际上传递着这样一种信息：学生是重要的，教学是以学生和学习为重心的，容易创造一种合作的氛围和环境。近年来的研究显示，传统的直线式摆法有利于讲授学科知识的内容，但环形摆法则更能促进学生主动发言，通过变换座位的排列方式可以培养学生积极主动参与课堂讨论的心向。

四、个性特长的发展

从受教育者的个性发展来看，品德、智力、体质、审美和劳动能力等素质在受教育者个体身上的特殊组合是各不相同的，由此构成了他们的个性特点，表现出各自不同的全面发展的个性。个人的全面发展和个性发展是辩证统一的，因此，我们讲的全面发展绝不是要求每个受教育者各方面的平均发展而成为同一模式的人，而是包含着个性的多样性和丰富性。所以，教育要使受教育者根据自身的特点发展有益的个性。

贯彻全面发展原则，要防止强求一律、千人一面，统一教育的管理模式，以免限制受教育者的个性发展。没有个性，就很难有创造性；教育培养出来的人没有创造性，就不符合社会主义新时期对人才的要求。事实上，学校教育的总体要求虽然是相同的，但个人的禀赋、爱好、性格以至环境条件不一定相同，这样，人与人之间的差异自然出现。管理者不能用固定的尺度和框架去要求学生，而应按照不同的要求、不同的层次评价和管理学生，善于发现学生的特长，给以精心培育，帮助他们发挥自己的长处和优势。这样，我们的学生才有可能被培养成各行各业出类拔萃的人才。学校培养出来的人具有主动性、创造性，才能够适应和促进社会主义市场经济的健康发展。

与此同时，班级管理工作必须坚定不移地全面贯彻党的教育方针，除了促进学生的全面发展，还应注意管理必须面向全体学生。

第三节　民主管理原则

民主的思想引入教育领域，带来了教育的民主化。教育的民主化包含"教育的民主"和"民主的教育"两个方面，前者是把政治民主扩展到教育领域，使受教育成为每个公民的权利和义务；后者是把专制的、不民主的教育改造成为适合公平和民主原则的教育。民主的教育当然需要民主的管理与之匹配。

如何才能既发挥管理者的聪明才智，又能调动被管理者的积极性，这里就产生了班级管理的民主性原则。

一、民主管理理论

美国著名教育家、哲学家杜威认为，民主不仅仅是一种政治的形式，而主要是一种联系生活、交流经验的方式。民主的社会有两个基本的标志：每一个人在社会中自觉地相互分享各种利益的数目和种类，以及一社会和另一社会之间相互影响的范围和自由。这种社会必须有一种教育，使每个人都有对于社会关系和社会控制的个人兴趣，都有能促进社会的变化而不致引起社会混乱的心理习惯。

所谓民主管理原则，就是在管理中要充分发扬民主，实行民主管理。那么，班级管理的民主性原则，就是在以班主任为主的管理者对班级实施管理的基础上，充分发挥全班同学的积极性，让他们充分行使民主权利，共同参与班级的管理工作，从而依靠群众的智慧和力量，把班级管理好。

在班级管理过程中，实行民主管理原则，是实施科学管理、提高管理效率的需要。班级管理工作是一种复杂的创造性劳动，单纯依靠班主任和任课教师的积极性是远远不够的，还必须注意充分调动和发挥学生参与管理的积极性。任何有才能的领导干部，其个人才能与群众比较起来，总是非常有限的，群众是真正的英雄。只有遇事相信群众，依靠群众，善于激发和集中群众的智慧和力量，才能实行有效的管理，班级管理也是如此。

二、民主管理活动的原则

平等、公平、公正是民主的基本要求，没有教育和管理中的平等、公平、公正就谈不上民主。因此，班级的民主管理应坚持以下几个基本原则：

1. 权利平等原则

教师在班级管理过程中，在价值和尊严的意义上，要平等地对待每一个学生。无论性别、种族、信仰、社会阶层和文化背景如何，每个学生都有平等受教育的机会，都享有平等的权力。学生也是教师学习的对象，教师和学生只是分工不同，在教学中本身是共同成长，因此，必须平等相待。

每个学生是班级的成员，管理班级是他们的基本权利。在班级管理工作中，管理者之间的相互监督是非常必要。要达到班级管理的民主化，必须加强群众性的检查监督，每个学生都有监督班级工作的权利。班级管理不只是班主任的事，学生也要全面地参与进来，班级管理中的监督不只是针对学生的，班主任和任课教师也要接受监督。学生和教师全面参与班级管理，是民主管理本身的固有之义。

2. 差别对待原则

在管理的方式方法上，要有区别地对待每一个学生。孔子施教，各因其材。因此，我们也必须"因材施管"，了解每个学生的家庭出身、社会背景，了解学生个性的差异、学生愿望的区别，爱好的不同、学习水平的高低、学习能力的特点，采取有针对性的方法指导帮助每一个学生。

3. 机会均等原则

中国在历史发展过程中长期受农耕文明的影响，小农经济背景下渴望平均的思想一直是中国平民的理想，中国的农民起义也多以"均贫富"为目标。其实平等并非等于平均，而是机会均等。机会总是稀缺的，如当班干部、"三好生"、学校比赛中的代表等。民主的管理，让每一个学生都有同样的获得机会的权利，但并不保证每个人最终得到的结果都相同，也不是平均分配机会。

三、民主管理原则的基本要求

1. 依靠学生的主体力量

学生参与管理是班级民主管理的一种较为直接的形式，在班级系统中，学生是一支重要的力量。班级管理，需要班主任、任课教师及全体同学的共同努力，要认识学生，依靠学生，应该注意以下几点：

首先，必须正确认识学生在班级管理过程中的地位。在班级管理中，学生既是被管理者，接受教师的管理，同时又是管理者，在接受管理的同时也参与管理，处于双重地位。

其次，在正确认识学生发展水平和心理特点的基础上，依靠学生做好班级工作。

再次，班主任要针对学生的不同情况，提出不同的要求，充分发挥每一个学生的作用，为做好班级工作而努力。

班级管理的实践充分证明了这一点：只有按教育规律和班级管理规律办事，认识学生，依靠学生，充分发挥学生的作用，班级工作才能蓬勃向上，教育质量才能迅速提高。反之，班级工作就会出问题，教育质量也会必然下降。

2. 教育与实践相结合

民主管理原则，是中小学都应努力做到的。这不仅因为中小学生都有参与管理的意识，而且也具有一定的管理能力。一些班主任之所以贯彻民主管理原则效果不甚理想，主要原因在于缺乏对班级学生的民主教育和民主管理训练。一些班主任采取无声的民主行动，但没有起到激励作用，主要原因是学生对班主任的民主行动不理解，或是班主任采取民主行动的时机选择不甚合适。既教育，又行动，同时选择具有一定"风险"的教育时机，效果一般会好些。

同时，民主管理原则不仅是指尊重班级学生，让其参与班级的管理，使学生形成班级主人翁的意识，也指班主任教师以班集体一员的身份，即班主任教师以民主行为、民主作风完成班级管理的具体任务。因为班主任教师的这种模范行动不带有任何强制性，它通过班主任无声的行动影响学生，带动学生，激励学生。这种民主管理原则的特点就在于此。

3. 民主化治班

民主化治班，是充分发挥学生主体性的客观需要。只有这样，才可以调动各科任课教师和广大学生的积极性、主动性、创造性，为社会主义的物质文明和精神文明建设培养出更多更好的新时期所需要的建设人才。

首先，学生是班集体的重要成员，管理班级是他们的基本权利。在班级管理工作中，管理监督的上下结合是非常必要的。为了实现班级管理的民主化，有必要强调群众性的检查监督，给学生监督班级工作的权利。班级管理不只是班主任的事，其他任课教师和学生也要参与管理；班级管理也不只是管理学生的事，班主任和任课教师也要接受监督。发动教师和学生实行全员管理，这是我国社会主义学校班级管理的一大特点和一大优越性。

其次，我们的学校是社会主义的学校，是人民的学校。让广大教职员工和学生参与管理，才能够增强他们的主人翁感，增强他们的责任心。没有班级管理的民主化。班级的管理是搞不好的。

四、班级民主管理的措施

在班级管理过程中，遵循民主管理原则来实行民主化的管理，主要可采取以下几个方面的基本措施：

首先，班主任工作要具有透明性、示范性。班主任的工作要定期向班级公布，让每一个学生知晓班级管理情况；班主任本人要树立民主意识，认识到学生是班级的主人，班主任是班级中的普通一员。

其次，对班干部的基本职责履行情况进行监督。班委会要在制度规定的范围内开展活动，在班级内接受全班同学的监督；在班级中不允许有"特殊公民"，更不能允许班干部滥用职权欺压普通同学。

同时，在管理过程中，应对所有任课教师的工作成效进行及时反馈和交流。教师可以评价学生，学生也可以评价教师，不能因为年龄的原因就否认学生对教师评价的价值，学生对教师喜爱与否虽然可能是凭直觉的，但是学生的直觉也是有理由的，同样有参考价值。

此外，班级重大事务的民主决策与共同参与。在班级管理中充分发扬民主，如评选"三好学生"、改选班级干部等重大事件采取集体决策；还要为学生发表意见和建议提供机会，创造条件。有些同学不能参加班干部或团队会议，或者即使在班级的会议上也不愿意发表意见，可以为他们创造其他条件。

第四节　协同管理原则

一个人的成长离不开家庭、学校和社会三个要素。有人曾提出过这么一个论断："100％的学校教育＋0％的家庭教育＝0。"就是说，不管学校教育如何优秀，如果离开了家庭的配合，那么其教育效果等于零。

班级的主要管理者无疑是班主任，但是，一个班级管理得如何，班主任不是唯一的决定因素。学校领导、各科任课教师、班干部、全班同学乃至家长、社会力量都是影响班级管理的重要因素，这就要求在班级管理中坚持协同管理的原则。

一、协同管理的内涵

所谓协同管理，就是调动一切相关力量共同参与管理，使管理工作趋于科学、完善。在班级管理中，学校领导、班主任、全体同学是当然的管理者。那么，其他任课教师、学生家长及社会力量等就是必须争取的协同力量。

目前，"家校合作"是协同教育管理所倡导的一项有力措施。"家校合作"是为了共同的教育教学目标，家庭与学校的合作是无条件的，同时也是相当自由的，学校与家庭合作，相互信任，互相尊重，家长支持学校的活动，并积极参加家长会，平等、自愿地参与听课等各种活动。"家校合作"的可行性和必要性是要通过学校多宣传、家庭多参与、社会多支持，三方合作，相互支持，逐渐形成教育的一致性，共同努力才能取得良好的社会效果。

二、教师的协同配合

在班级管理活动中，班主任负责全班每个学生的思想、学习和生活的方方面面，是班级的组织和教育者，是联系班级所有任课教师进行教育、教学、管理的纽带，是沟通学校、家庭和社会教育的桥梁。

班主任不仅是教学班的负责人，还是教学班任课教师的协调者。因此，班主任与任课教师的协同配合可从定期的会议交流着手。

首先，在开学初召集会议。这时，学校的学期工作计划已经下达了，班主任的工作计划也已初步拟定了出来。会议的内容是班主任向任课教师说明在新学期建设班集体的目标、活动安排、时间和方式，对班集体建设工作的基本要求和措施；向任课教师介绍班级的基本情况、个别学生的情况，并提出希望任课教师做哪些配合与协助工作。同时，听取任课教师的意见和建议，修订班主任工作计划。

其次，在期中考试后的一周内召集会议。一些学校称为"考试分析会"，会议内容主要是任课教师谈在教学过程中对班级总体的看法，围绕学生的学习成绩分析其思想情绪、学习态度、学习方法等情况，达到任课教师与班主任进行学生情况交流的目的。同时，以集体的方式检查教育教学的效果，并及时调整班级教育教学工作的方式、方法和工作重点，为进一步搞好后半学期的班级教学工作和学生管理，奠定思想基础。

此外，期末考试后组织会议。这次会议的内容，重点是总结班集体和个体学生的进步，同时找出集体和个体学生的不足。由班主任总结和安排，任课教师进行补充，谈打算，最后制定出假期中克服不足的具体方法和措施。

班主任定期和不定期地与任课教师进行沟通，可以更好地发挥班主任的核心作用，也可使任课教师得到关心集体成长、参与班级管理的机会。

总之，从学校范围来看，要管理好一个班级，班主任必须注意争取任课教师的配合，使教育者的影响一致，共同协作。这是协同管理原则的基本要求。

三、有效地开展家校合作

1. 及时与家长进行沟通

教育仅仅依靠学校的力量难以完成，这已成为一种社会共识。它必须依靠社会的各种力量，尤其是家长的力量与学校配合，才能更好地促进学生的健康发展。这不仅是家庭的需求、学校的需求，更是社会的需求。因此，我们应该重新审视学校教育的伦理和文化内涵，强调学校教育的开放，强调把学校、家庭等各种力量看成是促进人的全面发展的共同因素。

畅通的交流渠道是家校合作的良好开端，作为学校来说，可采取以下方式加强与家长的交流：

（1）开办家校通讯，可分为校级通讯和年级及班级通讯，其内客可涉及学校工作计划、目标、年级情况、班级情况、学生的个性展示、评论、好人好事等，学校通讯可由专人负责，年级、班级通讯可组织学生主办。

（2）自办校报或其他刊物，可以利用其来宣传学校政策、学校新闻，刊登家教知识、好人好事、学生优秀作文、生活见闻等。

（3）开辟家校热线，回答家长提出的各类问题，也可为学生解答提出的学习问题。

（4）利用喜报、便条等形式向家长汇报学生在校期间各方面的表现情况，增近学校与家长间的相互联系，增强学生自信心。

（5）设置家长意见箱，鼓励家长向学校提建议。

2. 提高家长的教育水平

家长素质的高低，直接关系到家校合作的效率与成效，一个懂得教育规律、热心教育的家长就如同一位教育高参。如何整体提高家长素质，学校应主动去做好这一工作。主要有以下几种措施：

（1）开办家长学校，以系列讲座的形式，传授家庭教育知识，以提高家长的教育素养。

讲座的内容涉及面广泛，如关于家庭教育的意义，如何对孩子进行品德教育、审美教育、保健教育等，可以结合学校的工作计划开展，也可结合家长的实际需要，同时亦可采取家长教育子女的经验交流会，给家长提供相互学习的机会。

（2）通过宣传和咨询手段，激发家长关心教育、支持教育的热情。

调动家长参与教育的积极性、主动性，同样必须由学校主动地去做好宣传和咨询工作，要让家长懂得参与合作的意义，更多地了解和关注学校教育，形成积极参与教育的社会风气。其手段可采用板报、橱窗、广播、电视等多种形式进行宣传，也可采用宣传日等，其内容可涉及大到党的教育方针、学校的教育目标，小到有关教育知识、校内简讯、社会对学校某些关心与支持的通报等。

（3）定期举办家长会，强化感性教育。

通过家长会的形式，向家长宣传各种科学的学习方法及要求，通过家长互相介绍教育子女的成功经验，对学校教育和教学工作提出意见、建议等，让家长多了解校情，掌握科学的教育方法。

四、动员社会积极参与

在班级管理方面，社会各方面力量的影响很大并且是潜移默化的，管理者应予以高度重视。

班级所在的学校处于社会之中，但它们所在的地区是各不相同的。有的在农村，有的在城市；有的在工矿区，有的在商业区；有的在平原，有的在山区；有的在内地，有的在边疆，如此等等。不同地区在文化和经济条件、民族习惯、风土人情、自然地理等方面各具特点，这一切有形的和无形的影响，都直接或间接地对班级管理工作产生作用。

首先，在认识上必须明确，协调是双方的事，在班级管理工作中，要主动研究社会的政治、经济、文化等领域的发展状况和改革趋势，不能就教育论教育；要主动分析校内外、班内外之间的动态矛盾，采取相应对策，不能只是企求社会或社会某一方面去解决矛盾；要主动发现班级自身工作的不适应之处，有一种知不足而求改的精神，不能满足于已有的工作成绩，固步自封。

此外，班级要利用一切机会向社会做宣传，使社会能够多方面了解班级工作的重要性，了解班级工作的要求和困难，从而提高社会有关部门和人员的认识，取得他们的谅解和支持。同时，班级要自觉地参加社会服务劳动，为社会做有益的工作。比如，定期组织学生参加适量的社会公益劳动；组织学生在社会文化活动中发挥积极作用等。

第五节　心理管理原则

青少年学生正处于成长时期，他们的心理承受能力较差，情绪也较不稳定，所以，班级管理者应该了解教育对象的身心特点，重视学生的心理卫生，掌握教育规律，做到科学育人，培养学生健康的心理，树立正确的人生观。

在班级管理过程中，管理者应从研究学生心理问题入手，遵循心理管理原则，采用切实有效的管理措施，以保证班级管理目标的实现。

一、学生的心理特征

中小学班级管理活动的开展，以中小学为管理对象，那么首要任务则是充分掌握不同年龄段学生的心理特征，从而充分发挥心理管理的作用。

首先，学生步入中学以后，往往开始用批判的眼光来看待周围的人和事，不满足于教师关于事物的解释，喜欢独立地寻求事物的原因和规律。但是，他们这种思维的独立性和批判性还很不成熟。主要表现在看问题容易产生片面性和表面性，尤其在论据不足的情况下还固执己见，怀疑一切，常常把问题孤立起来看。

同时，中学生的社会情操已初步形成，非常重视友谊。但他们容易把友谊局限在狭隘的范围，甚至因此而脱离集体。他们往往以某些具体的人物形象作为自己的理想，或以代表个性道德品质总和的概括性形象作为自己的理想。

总之，学生在中学阶段具有半成熟、半幼稚的特点，这是一个独立性和依赖性、自觉性和幼稚性错综矛盾的时期。

其次，小学生思维的特征是从以具体形象思维为主逐步向以抽象逻辑思维为主的形式过渡，但是，仍然带有很大的具体性。与此同时，小学生的意志薄弱，容易受暗示，喜欢模仿别人，而不去考虑这种行为是否正确、适当，并且在困难面前往往缺乏信心。所以，小学生在改正错误的过程中经常会出现反复。

此外，小学生情感的特征是易外露，很不稳定，不善于控制自己。他们对自己的老师有一种特殊的信任和依恋、喜欢和老师在一起，把老师看成是最可信赖的人。由于他们总是在集体中生活，所以，他们在班集体中所处的地位和集体对他们的要求和评价都能引起他们产生各种复杂的情感体验。他们很关心自己的班集体，很重视本班的荣誉。但是他们的集体主义思想比较狭隘，往往为了本班、本组、本队的荣誉而不顾全局，甚至希望别人、别班、别组、别队比自己落后。

二、强化心理暗示

有这样一则案例：

下晚自习后，我照例到寝室巡视，发现兰兰同学哭了。问之，方知她放在衣兜里的一块手表不见了。一块手表，对于山区小学生来说，是有一定分量的。我看了看同寝室的室员，好像每位同学都不是嫌疑人，因为他们都很懂事，有几位同学还来安慰兰兰。

我没有多说这件事，而是讲了一个故事，那是发生在车厢里的事情。说的是某个夜晚，行车途中，有一位老人的钱丢了，坐他旁边的小伙子有些令人怀疑。售票员急中生智，叫司机停了车，对大家说："刚才大家都听到了，这位大爷的钱是用来给老伴治病的，如果有谁'捡到了'，请拿出来。如果觉得'不好意思'，那么我把灯关掉，相信老大爷的救命钱是会来到车厢中间的。"于是，售票员关了灯，车厢里一团漆黑。片刻，灯突然亮了，老人的钱果然好端端地放在过道里。顿时，车厢里响起了一阵热烈的掌声。

故事讲完了，我说："我也相信，兰兰的手表也一定会回到她的衣兜里的。"

第二天，兰兰告诉我，她的手表果然又出现在床头那件衣服的衣兜里了。

可爱呀，会走动的手表！不，是能改正缺点的同学！可惜，直到现在，我也不知道那人是谁——我还有必要知道吗？

学生是处于发展中的人，犯点儿错误是难免的，应该给学生一个改正错误的机会。学生犯了错，不想当众人的面承认错误是一种自我保护的本能，所以作为教师应考虑到这种现实，给学生制造一个改正错误的宽松环境，巧用心理暗示法让学生自主地改正错误。

心理暗示就是人们把一系列有关的信息组成暗示序列，通过学习，下意识地吸收，达到激发内在潜力，加速和有效地实现人与外界信息的交流，促成个体的自我完善和自我发展。德国著名演讲家海因·雷曼麦说过："用暗示的方式说出严肃的真理，比直截了当地提出更能为人接受。"暗示作为一种心理影响力，恰恰具有间接性和含蓄性的特点，它避开了直来直去、开门见山的做法，以旁敲侧击、声东击西的方式使学生在无意识的状态下接受教育信息，减少教育过程中的思想和情感障碍，往往能收到事半功倍之效。

在班级管理的过程中，常用的心理暗示法主要有以下几种：

1. 言语暗示法

充满感情色彩的言语交流，其效果不但可以使学生从形式上而且可以从本质上去认识问题，不但作用于学生的感观而且更作用于心灵。首先，对于能力较强、性格外向的学生，主要依靠言语的语气节奏变化来表达教育信息的内涵，会在学生的心里造成不同的反响，产生"言有尽而意无穷"的艺术效果。其次，能力不太强、性格内向的学生对批评反应较差，他们最需要表扬。在这些学生出现问题时，首先指出他们平时一些好的言行并加以表扬，使学生认识到自己的闪光点，放松戒备心理。然后再采用打个比方、讲个故事等方式，委婉、含蓄地暗示，容易触及学生心灵，乐为学生所接受。

2. 环境暗示法

班级是学生接受知识和人际交往的主要场所，建设一个良好的班级环境，创设良好的学习氛围，对班级教育管理来说，是必不可少的。创设的方法很多，但有一点最为重要，就是必须符合学生的心理需求，能使学习、求知成为学生的内在思想要求和自觉行为。

3. 教师榜样暗示法

教师要热爱学生，把学生当作自己的弟弟、妹妹或子女，施以全面的关心、呵护和尊重，并通过信息网络准确把握每个学生的德、智、体、美诸方面的发展情况，以缩短师生间的心理距离，形成融洽、和谐的师生关系。这样，老师的思想言行、处事方法就有可能成为仿效的对象，从而潜移默化地影响学生的学习、生活及今后的人生。

4. 班风暗示法

良好班风的形成，往往以团结活泼、积极向上的班集体心理气氛为基础。学生的思想情绪、意志和行为，在班风的影响下受到潜移默化的感染。班级管理者可以根据学生的个人兴趣、爱好等特点，引导并建立可以相互流动、相互渗透的各种兴趣活动小组、社会实践活动小组等。让学生在活动中团结友爱、互帮互助，关心他人，关心集体，增强集体的凝聚力。

三、加强心理咨询

学生在成长过程中，难免会遇到各种各样的心理障碍，帮助他们消除阻碍发展的各类因素，以达到最佳的发展水平，是班级管理者的责任和义务。心理咨询是帮助个人克服在成长过程中可能遇到的各种心理障碍，而使个人得到健康发展的活动。心理咨询遵循的是教育模式，而不是医学模式。

要正确地进行咨询，消除学生中某些心理障碍，就必须对青少年中的某些典型心理异常现象以及产生原因进行研究，以便有的放矢地加以调节，使他们健康发展。

1. 学生心理异常问题的成因

首先，从学生自身角度分析，主要由于学生在身心发展过程中遇到各种矛盾的困扰，从而导致了心理异常。当学生成长到一定的年龄阶段时，他们的成人感与独立意向就强烈起来，希望独立地进行各种活动。但事实上，中小学生的心理并未成熟，他们无法从社会那里得到他们所期待的完全的自主权，因而会产生困惑与迷茫，甚至不满。这些带有消极色彩的体验如果到达一定程度，并且稳定下来后，就可能出现心理异常现象。

同时，学生进入中学时代，生理上逐步发生变化，性器官的发育和性意识的萌动，往往使他们陷入生理与心理的矛盾之中。这主要表现在学生对性成熟现象，如遗精、月经来潮等的不适应。性兴趣的形成使有些学生感到世界似乎一下子充满了性的神秘与诱惑，在得不到成人指导的情况下，性心理的困惑使一些学生失眠、头痛、体力不支，不能自我解脱，形成对性心理现象的恐怖与困惑的心理异常现象。

　　此外，由于中小学生各种心理要素发展的不平衡性，尤其是感情与意志发展的不平衡，一方面，众所周知，感情是意志行动的动力，意志能控制人的感情，而在中学生的身上，这两种心理因素的动力作用很不协调；他们活泼、热情，但容易急躁、激动、感情用事，不善于用意志控制自己的感情。

　　另一方面，从外部环境因素分析，随着科学技术的迅速发展，社会各方面现代化水平的逐步提高，学生心理异常现象呈上升趋势。升学竞争使学生神经系统经常处于高度紧张状态，以致部分学生产生严重的焦虑情绪。在我国，中小学生尤其是中学生，为了升学，不仅长期背负沉重的学习包袱，而且要频繁地经受各类的考试。特别是考试失败的挫伤体验使部分学生的心灵屡受煎熬，以至于整日忧心忡忡、心神难宁。

　　此外，生活节奏的加快、食物中各种添加剂等的增加、社会暴力事件和各种恶性事故的增多以及家庭和睦、稳定系数的下降等，都是直接或间接影响学生心理健康的因素。

　　2. 学生心理的调节

　　要完成对学生心理调节的任务，班级管理者就必须尽可能多地了解和掌握学生的心理现象，创造心理调节的条件、环境、机会。一般需要注意以下几个环节：

（1）善于观察

人的心理都是潜在的，但这种潜在的心理必然表现在行为上。作为班级管理者，在课堂教学、课余休息、户外活动、组织旅游、组织劳动、班务会议等活动中要注意观察每一名学生。如果发现有异常现象，比如有些学生过分激动、思想不集中、情绪低落、性格反常等情况，要及时通过侧面或正面了解，发现心理异常的原因，并及时加以调节，使学生正确地面对和处理某些生活或学习中的难题。

（2）积极收集信息

仅靠班级管理者观察了解学生的心理，有一定的局限性，很难全面地了解学生心理。为此，班级管理者可以通过多种渠道，广泛收集有关班级学生心理方面的信息，以便及时有效地给予学生一定的帮助。

（3）多种形式开展学生心理调节

在必要的情况下，对学生们普遍存在的心理问题，或大家比较感兴趣的心理问题，班级管理者可以利用"对话""心理剧""角色游戏""主题讨论会"等形式，对学生进行心理健康教育。

第五章　班级管理的过程

在管理学研究领域，PDCA 循环——Plan（计划）、Do（实行）、Check（检查）和 Action（处理），是美国质量管理专家戴明博士首先提出的，又叫戴明环。PDCA 循环最早使用于经济管理，并随后广泛应用于其他领域。

班级管理实践证明，PDCA 循环作为管理的一般程序，同样适用于班级管理。通过班级管理工作的制订、开展、总结以及后期优化等一系列管理程序的实施充分保证班级管理工作的高效运转，从而切实可行地实现班级管理目标。

第一节　班级管理计划的制订

班级管理计划，亦即班级工作计划，它是班主任根据教育发展要求和学校的发展规划，结合班级实际对班级未来一段时间的工作预先拟订的具体内容和行动步骤。

在班级管理中，管理计划的制订具有重要意义。

一、管理计划的形式

目前，班级管理过程中，制订计划时较为普遍的一种形式为混合式。作为一种既有简要的文字表述，又有表格的计划，文字部分与表格部分相互补充，相得益彰，既能突出重点，阐明思路，又能条理清楚，简洁明了。

有这样一则案例：

班主任工作计划

一、指导思想

全面贯彻党的教育方针，以"三个面向"精神为指导，贯彻"德育为首、育人为本、教学为主"的方针，转变教学观念，深化教学改革，提高教学质量；求真务实，创建班级文化，提高管理效率，努力形成一个具有良好班风和学风的班集体。

二、目标要求

1. 学习学校的各项规章制度，把"将好习惯进行到底，将坏习惯立刻停止"的班训落到实处。

2. 抓好学生的纪律、文明礼貌、卫生、安全教育，争做彬彬有礼的小学生。

3. 落实"我努力，我收获"的奋斗口号，创建"学生作品墙"。

4. 教育学生认准目标、珍惜时间，树立信心，出色地完成学习任务。

5. 争创一个优秀的班集体与一个"文明班"。

三、基本情况

本班现有人数为41人，其中男同学21人，女同学20人。学生思想表现良好，同学之间能够团结友爱、互相帮助，整个班集体有很强的凝聚力。纪律方面表现较好，大部分同学很认真，只有个别自制力稍差；班中学生成绩较好，只有少数的中层生。在班干部和学生骨干的带领下，学生的学习气氛较浓，课堂上表现积极，各个方面均在逐步提高。

四、具体措施

1. 订立本班的班规，并让学生严格遵守和执行《小学生守则》、

《小学生日常行为规范》及学校各项规章制度，做到不违章，不违纪。

2. 在班上营造良好的学习气氛，以"每周一星"活动为主线，使整体的成绩有所提高，且在各项竞赛能取得好成绩。

3. 结合学校开放周活动对学生进行思想渗透教育，对学校的警语、标语、级风、校风进行深入学习，并付诸行动。

4. 坚持每周评选"优秀班组长"。

5. 创设良好的班级文化。如建立"苹果栏"，让学生经常摘到苹果，学习有成就感；建立"学生作品墙"，张贴优秀作业，作品等。

6. 让每个学生严格要求自己，培养"独立、自主、自觉"的能力，团结奋进，为班争荣誉。

五、本学期主要任务执行表

月份	主要任务	备注
三月份	1. 安定学生的情绪，使学生的精神状态回到学习上来。 2. 认真学习各项规章制度，严格要求自己，修订班规。 3. 抓学生文明礼貌教育，评"文明小组"。 4. 讨论本学期班级目标与具体活动。 5. 对学生进行思想教育、安全教育、卫生教育、纪律教育，争创"文明班"。	重点讨论本学期班级目标
四月份	1. 抓好校风建设，包括教风、学风、作风和班风。 2. 以文明礼貌教育和思想品德教育为切入口，抓好学生的仪表仪容和行为习惯。 3. 做好班级卫生及学生个人卫生的检查工作。 4. 让学生抓紧时间完成学习任务，准备期中考试。	

月份	主要任务	备注
五月份	1. 进一步抓好"每周一星"的评选活动。 2. 期中检测，评析、小结工作。 3. 利用母亲节加强中华民族优良传统和社会公德教育。 4. 准备学校开放周活动。	重点是学校开放周活动
六月份	1. 抓好"摘苹果"工作。 2. 庆祝"六一"活动。 3. 形象教育，注意着装整洁、得体，爱惜红领巾、校牌。 4. 订好复习计划，进行活动总结。 5. 树立信心，集中复习，争取期末考试取得好成绩。	重点是学生自己进行活动总结
七月份	1. 做好期末复习检测及分析工作。 2. 做好本学期的工作总结。 3. 安排布置学生的假期作业及暑期社会实践活动。	

二、班级管理计划的目标

目标是最终应达到的预定结果。班级管理计划，与其说是班主任对班级工作预先拟订的具体内容和行动步骤，倒不如说是为实现预订的目标而拟订的运作方案。因为目标的有效达成要靠足以体现班级管理规律的计划的实现来支持，而科学有效的计划是为实现指向未来的目标而拟订的。

在制订班级管理计划的过程中，预先确定管理目标，对计划实施及总结具有重要意义。

首先，目标决定着计划的可操作性。计划在最大程度上规定着管理的行为方式，体现管理规律的计划可以增强具体管理行为的实践性和现实性，反之则仅能反映计划制订者的主观愿望，成为根本不可能实现的一纸空文而已。有了既定目标，计划内容就能具体再具体，行动步骤就能严密再严密。这样的计划作用于实际操作，自然可控制、可调节，预期目的实现也就有了保证。

其次，目标决定着计划实施的有效性。一份管理计划是否合理，是否可操作，与其能否顺利实施、有效实现密切相关。既定的管理目标，在决定着计划的合理性和可操作性的同时就为计划的显效性赢得了最大的保证。即使由于突发因素的干扰，局部目标的达成会受到影响，但由于预先制订的计划允许因客观条件的制约而进行及时调整，所以整体目标的有效实现还是有保障的。如果计划不具备合理性、可操作性，那么有效性就会成为空谈。

此外，目标是人们的行为预期要达到的结果，目标的制定必须做到主观与客观的和谐统一。制定切实可行的目标，对班级管理计划的实施及调动全体学生积极参与班级活动有巨大的推动作用。因此，在班级管理计划的目标确定过程中，需要注意以下几个原则：

1. 确定目标要切合实际

目标是构成班级管理活动的前提，目标明确，才能统一认识，统一行动，使同学们的意向和行为朝着这一目标努力。所谓确定目标"切合实际"，就是目标不能定得大而空，不着边际；也不能定得过于容易达到，唾手可得。确定的目标对于每一位学生来说，都应该是通过艰苦努力才能达到的。只有明确而切合实际的目标，并且具有一定的难度，才能激发学生的挑战性，发挥其主观能动性，调动学生参与班级管理的自觉性和积极性。当预期目标实现以后，学生才能真正体验到成功的愉悦和幸福，才会懂得成绩来之不易而弥足珍惜，才会使班集体更具凝聚力和向心力，也才会激发起学生新的进取动机。

2. 规定完成目标的时间要合理

目标确立是班级管理工作的核心，而具体落实目标，控制整个操作过程的时间分配，也是完成目标的关键环节之一。时间分配要与完成目标任务的难易程度相适应。失去时间控制任其发展，工作效率必然很低，再好的目标任务也不能如期完成，更不能激发起学生的进取意识。班级的每一个成员要了解整体目标，时刻把自己的行动与整体目标联系在一起，增强时间观念，争取在有限的时间内获得目标管理的最佳效果。

3. 评价完成目标的标准要科学

标准就是尺度，就是衡量和评价班级工作优劣的准绳。在班级目标管理中，管理的对象是学生，评价学生不应单看考试分数，而应是德、智、体、美、劳诸要素的综合质量之和。

三、制订管理计划的依据

1. 结合班级的实际情况

班级计划是指向未来的，但是要立足于现实的基础之上，因此，在制订班级管理目标时，必须认真分析现状。一是要科学地分析班级的现有条件，寻求制订班级管理目标的物质基础。在人力上，要考虑整个班级的学生、班干部的实际数目，还要考虑班内任课教师的道德素质和业务水平等；在物力上，要考虑现有的管理设施、管理资料、管理手段等实际情况；在财力上，要考虑现有的班费中，能够保证用于管理的最大限额，如何发挥微薄班费的最大经济效益；还要考虑能够挖掘的潜力和可能创造的有利条件等。二是要认真分析班主任自己的实际情况，疏理自己以前的管理工作经验。

2. 关注学生的愿望

学生是班级管理的对象，更是班级管理的主体。以人为本的管理就是要在管理的开始，在制订班级计划时，充分了解学生的愿望和需要，在此基础上制订班级发展目标的草案，一个合作群体中每个成员对全体成员所共有的目标，都有个人的想法，只有组织的目标同人们自己的目标相一致，反映出人们的共同愿望，人们才会合作。因此，在班级工作计划方案拿出来之后，管理者必须利用各种有效形式，向班级任课教师和学生征求意见，使计划得到修正和提高，保证其符合学生和教师的愿望。

3. 重视理论与信息

论证计划一是依靠信息。情报是合理决策的生命线，班主任要收集来自社会、家长、学生、任课教师的各种信息，来论证班级目标的合理性和科学性；二是依靠教育理论和管理理论。班级计划的制订必须遵照客观规律办事，不能与教育学、心理学、管理学、教育心理学等理论相违背；三是依靠国家的教育法规和方针政策，以及学校的规定。班级计划不能与它们相抵触，以确保计划的合理性及合法性。

4. 充分体现计划的合理性

班级管理计划有作用时间的长短之分，班主任应根据学校的用人安排，合理拟订班级管理计划。根据我国普通教育结构的特点，高中一般为三年制，初中一般为三年制或四年制，小学为五年制或六年制，无论是中学或小学，确定班级管理目标都必须以学制为准。拟订班级管理计划当然更不能不考虑目标实施的周期。中小学班主任任期一般实行大循环，从这个实际出发，班级管理计划基本上可以分为阶段性计划，学年度计划和学期计划等三种。

在实际工作中，阶段性计划的宏观性较强，学年度计划和学期计划的微观性较强。阶段性计划奠定学年计划的基调，学年计划支持阶段性计划的确定并指导学期计划的制订，学期计划直接制约学年计划的实现并间接影响阶段性计划的最终达成，三者之间相互依赖、相互联系、相互作用，班主任绝不可轻此重彼、顾此失彼。

四、班级管理计划的内容

班级管理计划一般由指导思想、目标内容、现状分析、方法与措施、实施步骤等内容构成。

首先，班级管理计划的指导思想是计划阶段（一个学期或学年）目标的高度概括，它规定着班级在一定时期内总的发展方向、发展战略和发展水平。在制订班级管理计划时要有明确的指导思想，只有这样才能使班级管理真正成为有目的的、自觉的行为；只有这样才能站得高望得远，才能确保班级发展的方向不出现偏差。

其次，班级管理目标是计划期内班级所要达到的要求，是指导思想框架内的具体内容，是指导思想的具体化，在计划中目标的内容是具体的、可检测的，既涵盖德、智、体、美、劳诸方面，又各有侧重；既是从总体上进行描述，又是可以操作并完成的。

第三，班级现状是制订班级管理计划的重要依据，必须进行研究和分析，对全班学生各个方面的情况都要充分考虑到，要能够发现班级的特色、班级的优点和各种可供利用的资源；也要能够实事求是地分析班级中存在的问题和不足，要将现状的分析与班级管理目标联系起来，明确其中的距离，任务的多少，以及任务的难度。

第四，在明确了任务的前提下，提出切实可行的方法和措施。各项措施要针对目标来设计和实施，要确保任务的完成，因此在计划中方法和措施可以分条陈述，简明扼要。

第五，由于一段时间内的任务是多项的，因此，要将各项任务根据轻重缓急进行安排，把它们合理地分布在这一时段上，必要时可以列出时间表，或者说明实施计划的步骤。

此外，在班级管理计划的智育方面，管理者应根据学校智育总要求，协助任课教师组建学科互帮小组；合理安排一些有利于激发学习兴趣和动机、丰富学生知识、开阔学生视野的系列活动；有针对性、有步骤地组织一些提高技能、发展智力的学科竞赛活动，最大限度地促进学生智能的发展。

同时，配合各科任课教师的工作，做好课堂教学信息的反馈，保证各学科的教学任务顺利地完成；有计划、有针对性地对学生进行听课方法、学习技巧、复习和应试方略的指导。

第二节　班级管理工作的开展

我们评价一个组织机构的工作，不能光看他们的计划订得如何，更重要的是要看计划实行得怎么样。

班级管理计划的开展就是班级工作全方位运作的过程，是班级管理的中心环节。倘若计划制订的再完善，没有实行也不过是纸上谈兵，没有任何的实际价值。因此，班级管理计划的开展，对班级管理目标最终能否实现具有重要意义。

一、开展管理工作的原则

1. 及时发现问题

在班级管理工作中，管理者要尽量做到及时发现问题，把问题解决在萌芽状态。在班级的管理过程中，经常会出现一些背离目标和计划的苗头，偏离正常轨道的趋向和意料不到的情况。管理者，尤其是班主任要掌握一点"诊断"的技术，做到细心观察，及时发现问题的症结所在，如班级中气氛和班级舆论的变化，本来活跃的学生突然郁闷起来，班级中的公益服务工作突然中止，一些学生的行为发生了变化……都说明班级内部出现了"问题"，需要矫正。如果不及时加以解决，就可能会发展成为真正的问题。

2. 严格执行规章制度

在开展班级管理工作的过程中，实行常规管理的重要目的是维护班级良好的运行秩序，使学生养成良好的行为习惯，而习惯的养成来自于"时间"的磨炼。如果没有切实可行的规章制度，便没有长期一贯的坚持执行，没有一视同仁的严格要求，良好习惯的养成就会落空。

3. 保证宏观调控

为确保管理工作的顺利开展，管理者必须保证对工作的宏观掌控，使每一项工作都富有成效。无论是学习、纪律、卫生等，还是其他丰富多彩的班级活动，对学生来讲都是现有能力还不能完全独立驾驭的事情，班主任应及时发现学生的思想障碍和行动困难，不仅需要满腔热情地给予指导和帮助，更需要宏观的掌控。这种宏观的掌控不是包办代替，越俎代庖，而是为了不出现大的偏差，保证班级目标的顺利实现。

4. 精心设计安排

在实际班级管理工作的过程中，管理者应做到精心设计，让每一项活动都能够促进学生的健康成长。班级管理和班级活动，切不可为管理而管理，为活动而活动，要在"一切为学生，为了一切学生，为了学生的一切"的思想指导下，不搞形式，不装模作样，给予学生全面和谐发展的时间和空间，让班级真正成为每个学生健康成长的乐园。

5. 重视有效激励

在开展管理工作中，管理者应重视采用激励手段，使每个学生都能保持向上的发展势态。管理的最高境界是最大限度地激活每一个成员的发展动力。因此，在班级管理工作展开时要善于运用激励手段，经常给学生鼓励、加油，让班级成员团结协作、共同发展的力量永不衰竭，使班级保持良好的发展状态。

6. 善于沟通协调

班级管理者在开展管理工作时，应善于协调，使各项工作和活动都能够井然有序地开展。班级工作开展过程中，班干部之间、干部与同学之间、同学之间有时会因为观点不同、思路各异而发生争执，有时会因为具体工作在时间和人力等方面"争抢资源"而导致冲突，有时也会因为利益问题而产生矛盾，常规性工作也往往因突击性大型活动的开展而受到干扰。这就需要班主任善于发现矛盾，及时进行调节，沟通大家的思想，消除大家的误解。与此同时，应让大家明白每一项工作都是为了实现共同的目标，维护共同的利益。为此，大家要顾大局、识大体、求同存异。

二、班级管理工作的主要内容

为了有效地开展管理工作，实现管理目标，管理者首先应该明确班级管理工作有哪些主要内容。

1. 活动组织

在班级管理工作实行阶段的组织活动包括两个方面：任务的合理分配以及人力、物力等各种资源的妥善安排。

2. 指导工作

班级管理者在班级管理中不仅是策划者、组织者，更是指挥者，如同导演与演员、教练与运动员一样。在执行过程中，学生干部或者学生群体中总会出现这样或那样的问题，如方向不明确、方法不妥当等，需要随时加以指导，使全体参与者都明确为什么做、做什么、做到什么程度、怎么做，以避免盲目行动和低效行为。指导的目的是让学生主动积极地去完成计划，而不是包办代替。

3. 鼓励工作

班级管理活动中，很重要的一项工作内容则是班级成员的鼓励工作。为了保持按照原计划从事各项活动，必须采取各种鼓励手段，不断提高学生的积极性。特别是在实行过程中遇到困难时，在某些工作一时难见成效，而学生有些泄气时，在某项工作处于落后状态时，更需要管理者适时地、有针对性地采取鼓励措施。

4. 协调工作

协调工作是贯穿于实行阶段全过程中的一项管理工作。在实行阶段中实际工作进程与计划规定的要求出现不一致性，是难以完全避免的；出现这样那样的新问题，包括来自学校的新要求和学生们的新建议；还会出现各种不和谐的声音。此时，管理者需要充分发挥协调作用，合理、高效地安排各项工作井然有序地进行。

5. 教育工作

班级管理过程中，教育与管理紧密相连，并且渗透在管理过程各个环节之中。目的是使班级成员增强学习和工作的目的性、责任感、创新精神、竞争意识以及合作意识等等。

三、班级管理工作的开展

中小学班级管理的常规工作，往往因中小学性质和特点的不同而表现出较大的差别。班主任作为班级管理者，在班级管理工作的具体开展中有着重要的责任与义务。通常，依据管理工作的开展时间顺序，我们可将其分为起始准备阶段和正常运行阶段两个部分。

1. 起始准备阶段

（1）学生接收工作

一个班集体的正式组建，首先是班主任上任并接收学生。管理规范的学校，班主任接收新生一般要经过五道程序：学校政教处和教务处共同召开班主任分班会议，说明分班标准和方式；接受新生名单；协调处理个别学生问题；接收编入本班的学生报到，填写学生情况登记表；寄宿制学校还应给学生分配宿舍。

（2）组织确定班委

在班级管理工作的起始准备阶段，经过班级成员的投票选举，以及一系列的班委筹建工作，班主任要公开宣布班干部，主要是班委会和团队干部。而究竟采取临时指定办法还是通过民主选举产生，可视情况和需要而定，但应及时宣布并向全体学生介绍班干部的个人情况，让同学们了解，接受其管理，是非常必要的。

（3）座位安排及调整

通常情况下，学生座位的安排是按身高编排，从前往后，由小个儿到大个儿。在教学实践过程中有人发明了弧形座位编排法。应注意，即使采用这种座位编排法，也不应完全抛弃行之有效的按身高编排法。

2. 正常运行阶段

在班级管理工作的正常运行阶段，班级管理者通过对班级成员的充分了解，不断加深认识，可以及时发现管理过程中出现的一系列问题。

（1）班级秩序问题

在班级管理过程中，一个正常运行的班级也很可能突然人心波动，发生大面积异常的情况，首先应通过深入调查，了解原因，把握问题的本质，然后施之以积极的、正面的思想教育，有时还需如实向学生说明情况，以征得学生的合作，很快把问题解决在萌芽状态，拖而不管或主观武断的官僚做法是不可取的。

（2）逃课、旷课问题

在班级管理过程中，一些学生对任课教师有逆反情绪，不愿意让其"剥夺"自己的时间，干脆不进教室上课；或者由于某种不好说明的原因，不进教室或上课中间悄然离开教室，这些问题均需晓之以大义，合理开导。

（3）违规乱纪问题

在班级管理过程中，一些学生往往不能按有关规章制度严格要求自己。大错误不犯，小错误不断，诸如小偷小摸、打群架等，经常给班级甚至学校带来麻烦。这类学生一般比较聪明，只是由于长期放任自己，养成了不良习惯。因此，应鼓励学生扬其长，补其短，争取做好学生。

同时，在其他同学集中精力听讲时，个别学生故意吹口哨、敲桌凳、传纸条，或自习时间不完成作业，在教室里胡跑乱窜，打打闹闹，说说笑笑……此类行为既耽误自己，又干扰别人，应对症下药，因势利导。

（4）同学矛盾问题

在班级里，一些同学之间因一言不合，各不相让，造成吵嘴甚至打架；或者因为某件小事看法不同，误认为对方对自己有成见，造成彼此情绪对立，不相往来；或者对方是班干部，由于工作需要批评了自己，本来关系很不错，结果造成专门与对方作对，等等。对此类问题，应区别不同对象，讲清利害，鼓励双方深入沟通以达到消除隔阂、握手言和之目的。

（5）早恋倾向问题

在班级管理过程中，正处于成长发育阶段的中小学生，由于生理渐趋成熟或者心理空虚，异性之间联系频繁，会出现早恋问题。班级管理者要加强性教育，同时要重视心理健康教育，对敏感问题，应本着负责、保密、稳妥、有效的原则恰当处理。

第三节　班级管理工作的总结

班级管理工作的总结，既是对前一阶段工作的总体评价，又是为下一阶段工作的优化提供经验和教训的重要环节，具有承前启后的作用。

因此，在班级管理过程中，不能单单把总结的工作看成是班级管理工作的句号，而是要将总结的工作当成一个逗号，作为激励学生的契机，更是班级管理者提高管理水平的一个重要过程。

一、总结工作的原则

为了利用已经取得的成绩和经验教训，进一步做好下一阶段的工作，充分发挥总结的作用，班级管理者应在进行总结工作的过程中，注意以下几个原则：

首先，总结不能停留在就事论事的层次上，要善于进行理性的提升和抽象，概括出一个主题出来。

其次，总结中既要突出成绩，要让学生干部以及全体同学的劳动受到肯定和尊重，要让付出努力的同学有成就感；又要善于发现问题，发现与优秀班级之间存在的差距；还要对以后的工作提出建议和展望。

此外，每个学期的总结要写成一个正规的文本，这样不仅有利于同计划进行对照，有利于全面分析成绩和问题，还有利于记载班级成长的历程，有利于以后进行学期间的比较，描绘班级发展的轨迹。

二、总结工作的主要内容

1. 拟定总结提纲

在对班级管理工作进行总结的过程中，管理者要对总结工作提出要求，认识到总结工作是班级管理的一个必不可少的重要环节，要善于总结经验，并从中提炼出一般性的，并对以后的管理具有重大现实价值的规律。因此，总结过程中要拟定总结的提纲，全面收集和整理检查过程中得到的资料，进行筛选和分析。

2. 参照管理计划

班级管理的总结工作必须参照着计划来进行，班级管理工作是没有完成计划、基本完成计划、完成计划，还是超额完成计划，要做出明确地回答，这样既对管理计划的可行性进行了评价，更是对管理工作的预见性和执行结果的评价，它对下一个循环中的计划、实行和检查都有重要的参考价值，否则计划就失去了意义。

3. 综合各方意见

管理在进行经验总结的过程中，要广泛听取任课教师和全体同学的评价意见，并由班主任或班干部对其进行汇总。

4. 形成总结报告

在班级管理工作的总结环节中，最后一项工作则是在反复讨论的基础上形成文字材料，供以后借鉴之用。有些总结，特别是专题性总结可以由活动的负责人或领导小组来完成。

三、总结报告的撰写

作为承前启后的工作，总结一方面要对前一阶段的工作有一个基本评价，另一方面还要为今后的工作提供改进和发展的依据。因此，将考评的结果形成文字并提出今后工作的方向是十分必要的。

撰写总结报告应注意以下几个问题：

1. 与计划相对应

总结不能游离于计划另起炉灶，而是应该以计划所规定的工作任务为依据，围绕计划中所列工作的完成情况来撰写。

2. 以事实为基础

总结不能写成空泛的口号和不着边际的夸耀，而要实事求是，有理有据；总结也不可只报喜不报忧，回避矛盾，掩盖真相，而要进行全面的评价。

3. 既要总结过去，更要设计未来

总结应结合过去的管理工作经验以及管理工作在未来的革新，与时俱进。

第四节　班级管理工作的改进

班级管理工作的改进，不仅仅是针对管理工作中出现的不良问题的改变和进步，更是在已有的良好班级管理状态上的超越，以追求管理工作的更高境界以及实现班集体更好的发展。

一、及时进行工作的反馈

在班级管理多项综合性的教育活动中，教育是一项需要理想、需要思想智慧的事业，她需要我们用心关照，用专业智慧来经营。其中，管理者及时了解自己策划和实施的教育活动的进展，并根据这些反馈回来的信息调整工作思路，应当成为新时代的智慧型教师所采用的研究性工作方式的有机组成部分。

首先，班级管理者要通过班级管理提升学生个体和班级整体的精神生命质量，就需要不断激活学生的自主意识、培养他们主动发展的能力。在这方面，教师可以发动学生一起构建让每一种班级生活因素都发挥作用的多元评价机制，以促进学生的全面发展。

在班级生活中，有必要定期或不定期地对学生在各种岗位上履行职责的情况进行评议，从而让学生对自己在集体生活中的角色表现有更清醒的理解，对自己可以发挥的积极作用有更好的认识。

其次，班级活动的教育价值，最终体现在学生身上。学生作为发展主体，应该形成并彰显出对这些教育价值予以反思、评价的能力。

只有这样，学生的主动发展意识才能被真正地激发出来，他们的主动发展能力才能真正得到培养。

此外，可以充分运用网络资源，拓宽交流途径，使班级管理工作开展的实际情况得到及时的反馈。因此，在条件允许的情况下，教师可以利用网络与学生进行沟通，更可以利用有组织的方式引领学生在更高的境界上展开真诚地交流，从而不断提升班级的生活质量，使班级管理工作得到充分的改善。

二、推行民主管理

在班级管理工作中，我们旨在建设"民主型班级"，归根结底是希望创立一种民主的班级生活机制。这样一种机制，显然不是一种固定化的生活模式，而是需要由师生根据班级发展需要而不断调整和更新的。因此，班级管理者可在管理工作中适当改进方法，达到创建民主化的班级生活机制的目的。

1. 融通不同领域

文学创作中有一种修辞手法叫"通感"，即把各种感觉（听觉、视觉、嗅觉、味觉、触觉等）沟通起来，用甲感觉去描写乙感觉。其依据可能是人们在审美活动中各种审美感觉能够互相沟通、互相转化的道理。例如，朱自清在《荷塘月色》中所写的"微风过处，送来缕缕清香，仿佛远处高楼上渺茫的歌声似的"，就运用了通感的手法。如果我们不只是从事务处理的角度，而是从教育新人的角度来看待班级管理的话，我们也有可能在班级生活中创造类似的美妙意境，甚至让师生都领略到教育生活中的诗意。其中一种尝试，就是融通班级生活的不同领域，包括融通管理体制、活动机制和班级文化的建设，融通主题活动中的节目编排、剧本修改和学生成长体验的呈现与提炼，还包括融通班会现场活动、小组合作与班级环境布置。

2. 调整管理思路

在形成基本的班级管理体制后，班主任可以根据实际推行的情况而对其加以调整，以使其适应学生的发展需要。例如，在实施值日班长工作制已达一个学期之后，班主任了解到，值日班长们普遍感到这个岗位的工作很辛苦。原因有两个方面：一方面，由于强烈的责任心和荣誉感，值日班长事事亲力亲为，工作量过大；另一方面，同学之间缺少合作的精神，也在无形之中增加了值日班长工作的压力。班主任把这些苦恼转达给同学们，引起了大家的深深反思，经过讨论，同学们提出了诸如加强班干部队伍建设、以小组为单位进行合作与评价等对策，使得值日班长的工作踏上了新的台阶。

三、引导树立新目标

在班级管理工作中，为实现班级管理目标，充分激励点拨学生，以完善和改进班级管理工作，管理者应不断引导学生树立新目标，通过实际行动来达到目标，最终在更高的平台上追求新的目标，从而使班级管理工作取得更加显著的成效。

1. 追求实现高目标

在改进班级管理工作的过程中，管理者应帮助学生在实现目标的过程中发现更高的目标。

有这样一则案例：

一所实验学校，在多年的探索中形成了初中生"自育承诺制"。它以"主动发展，自主选择，信守承诺，优质互动"为特征，着力培养学生在多种可能纷至沓来的情况下的选择能力、判断能力。他们认为，引导学生自主选择发展的过程，是学生从判断到决策的过程，是自主意识从唤醒到兴奋的过程，也是从学生自我体验与评价到确定最近发展目标的过程。不过，应该看到发展过程的复杂性，发展水平的差异性，前行、停顿、后退、徘徊、反复相互交织，喜悦、沮丧、失望、向往、后悔交替产生，这些都直接影响发展目标的实现和发展进程的效率。因此，他们要求学生把自主选择的发展目标确定为个人的成长承诺，要求指导教师把对学生的指导培养确定为教师的教育承诺，还把学生家长引入"自育承诺"中来，要求家长把自己的检查督促确定为社会承诺，将信守承诺的道德机制作为"自育承诺制"的保证机制。此时，学生主动地选择发展目标、指导教师，而教师和家长关注学生主动发展的目标，并为此目标的实现制订相应的策略，他们相互之间产生积极的碰撞、心灵的共鸣，多方朝着一致的方向共同发展。

此后，随着学生的发展进程，教师可以引导他们在新阶段继续选择新的发展目标，实现更好的发展。

2. 加强点拨激励

班级管理过程中，要求班主任作为班级的管理者，既要统筹班级常规工作的管理，又要在日常生活中不断点拨激励学生。在学生个体与班级整体的发展过程中，用心关注、选择并利用一些典型的日常事件，将其作为教育契机和教育资源，通过及时点拨，促使学生不断前进。

与此同时，班级管理者还要适当引导学生在反思总结的基础上追求新目标。在一些典型活动启动与完成之时，在一个阶段开始与结束之时，班主任都可以引导学生反思已有的发展经历，总结成长经验，展望新的发展，从而树立新的目标，开始新的发展历程。

四、积极促进学生发展

在班级管理过程中，日常的班级生活事例往往蕴涵着丰富的内涵。

管理者如果能够将班级管理工作中的典型案例合理地加以利用，可以有效地促进学生提高思想觉悟，从而向更高的境界发展。

1. 评选先进典型

班级管理者在协调班级事务过程中，应注意评选先进典型，引导学生追求卓越。为学生提供良好的榜样，可以具体形象而综合性地展现出值得学生学习的优良品质，这种做法远胜于诸多缺乏形象性和内在整体感的说教或长篇大论式的训导。为此，教师可以结合班级发展计划的制订、实施，结合班级活动的开展，组织学生在不同阶段、不同方面关注自己和同学的发展状态，评选出身边的先进典型，包括先进个人、先进小组，如班级之星、岗位能手……这与系统设计班级工作岗位、建立通畅的沟通渠道、指导学生提炼学习生活感受、建立自主多元的评价机制等班级管理措施紧密相关，其目的都是让学生通过身边可见、可学的活生生的榜样，不断追求卓越的发展，而不是满足于达到固定的发展标准。

2. 提炼成长体验

在班级管理工作的改进过程中，管理者应注重合理提炼学生的成长体验，以激励学生自主全面地发展。这里的"提炼成长体验"重在展现学生发展过程中的新体验，重在让学生相互理解各自的发展历程、相互激活发展动力，从而让学生个体、小组和班级整体形成更好的自主发展机制。此时提炼出的成长体验，不一定是最值得学习或模仿的对象，而应是最有可能激发学生自主反思、最有典型教育意义的事例。

有这样一则案例：

有一名学生，本以为自己肯定是某次主题班会的主持人，也就没有主动向老师表达自己的意愿。当另一位主动表达意向的同学被老师挑选为主持人时，他以为老师偏心，一下子跳起来，很生气地走了。

班主任很诧异，后来经过多方面了解，才知道他一直想当这个主持人。在他冷静下来后，班主任主动与他沟通，让他形成了更合理的认识。此后，在进一步策划该次班会时，这一事例被用在了最后一个环节，以提升学生们对班会主题的理解。这名学生主动地写出了自己在这一事件中的感受，为该次班会的成功作出了新的贡献，同时也用鲜活的事例启迪了大家。

3. 抓住关键时机

班级管理者在完善管理工作的过程中，应及时有效地抓住时机，合理地促进学生上进。与此同时，注重提升学生的精神生命质量，关注学生的成长过程。

在班级的日常生活中，针对每个人、每个小组和班级整体的实际情况，教师很可能会发现一些关键时机——此时，学生面临着一些困惑，需要有智慧的班主任给予及时的点拨。如果这种点拨恰到好处的话，由此产生的跨越式的发展效应很可能会胜过许多其他教育手段产生的教育效果。而如果能从班级整体发展的视角，看到不同学生之间的差异，并利用这种差异营造相互竞争与合作的氛围，培育一种自我激活的班级生活机制，则更可让班级管理产生"四两拨千斤"的效果，从而有效地提高班级管理效率。

第六章　班级管理的基本措施

班级是学校对学生进行教育和教学工作的一个基本单位，是学生成长及个性化发展的家园，而学生是班级的细胞，班主任是全班学生的组织者、管理者和教育者，是学生健康成长的引路人，是联系班级任课教师、沟通学校与学生家庭以及社会教育力量的桥梁。

班级管理的措施是否科学有效，直接关系到学生是否能健康成长。与此同时，班级管理的好坏直接关系到学校教育教学的提高及学生思想道德、各种素质的养成。在班级管理工作的基本措施当中，合理有效地开展德育及智育管理，并注重班级文化、活动机制以及班级常规制度建设，构建良好的师生关系等，对于班级管理目标的高效完成具有重要意义。

第一节　德育与智育管理

学校德育是教育者根据一定社会、一定时代的道德要求和受教育者品德形成发展的规律和需要，有目的、有计划、有组织、有系统地对受教育者施加社会思想道德影响，以使其形成教育者所期望的品德的活动。

与此同时，中小学智育的一般目标是"引导学生掌握科学技术和社会文化的基础知识；掌握获取知识和研究问题、解决问题的一般方法和技能技巧；培养学生观察、记忆、想象、思维以及表达、搜集、整理数据资料的基本能力；发展学生在学习和其他活动中的动机、兴趣、情感、态度和意志"。

因此，在班级管理过程中，有效地开展德育及智育管理活动，为班级管理工作的实施提供了有力的手段。

一、德育管理的内涵

德育内容是丰富的，而且随着社会发展还在不断地补充新的内涵。其中班级教育和管理在这方面有着义不容辞的责任，同时也有着得天独厚的条件。

首先，德育管理重视提高学生的道德认识。道德认识是学生品德心理构成要素中的基础部分，它是培养道德情感的前提，又是引起道德行为的向导，同时也是强化道德意识的理性力量。没有道德认识做保证、做基石，终究难以形成每一个学生良好的道德品质。

与此同时，重道德知识的传授和道德信念的确立是中小学德育中的优良传统。但传统的方法以灌输为主，不注重学生在掌握道德知识时主体作用的发挥，因而其效果往往不够理想。今天的班级德育更面临着社会转型和信息时代的双重挑战，简单灌输、空洞说教不仅无益，有时还会产生负面影响。

其次，德育管理重视强化学生的道德情感。道德情感在学生品德心理构成中是一个较为特殊的成分，它有效地催化着道德认识的提高，同时也推动道德实践的展开，是班级德育管理中不可忽视的领地。

此外，德育管理重在引导学生的道德行为。

中小学德育的最终目的就是要把学生培养成一个道德实践家，能自觉履行道德义务，自觉维护社会的道德秩序。

从行为训练入手，以养成良好道德行为习惯为目的，是中小学德育的有效途径。

其中，以磨炼学生坚持不懈的意志品质为例，在开展道德实践过程中，同学们会遇到许多困难，面临各种挑战，在困难和挑战面前能做到知难而进、无怨无悔，是需要坚强意志做保证的。在班级德育中，班主任要利用一切机会，例如在利益的诱惑面前，在荣誉面前，学生的道德信念开始出现危机时，因势利导，强化学生的道德意志，让学生的道德信念在复杂的生活中经受考验。

二、德育管理的内容

班级管理过程中，有效地利用德育管理措施以加强班级管理工作的顺利开展，管理者在确立德育内容时，要体现德育的现实性与德育的理想性相结合，既要立足现实社会的实际需要和发展水平，又要着眼未来社会新道德要求的进步性与超前性。因为，教育是为明天培养人才的一项工作。

1. 爱国主义教育

爱国主义是人们在祖国土地上长期生活、劳动和奋斗中形成的对祖国的深厚感情或热爱的态度。这种态度虽然有自发的成分，是在长期生活中积淀而成的民族自尊心和自豪感，但它又有很强的可塑性。班级管理中，完全可以通过有效的教育方式强化这种态度。

爱国主义不仅仅是一种情感、一种态度，更是一种实实在在的行为。班级管理中要从小培养学生为维护祖国的尊严勇于献身的大无畏精神，明确爱国就要从我做起，从现在做起；明确爱国不是空洞的口号，做好本职工作就是爱国，努力学习也是爱国的具体行动。

首先，管理者应引导学生全方位地了解祖国的历史和现状。知之深方能爱之切，一个对祖国一无所知或知之甚少的人是很难培养起爱国激情的，而且无知的人往往会轻信脱离实际的宣传和诱惑。

与此同时，培养学生的爱国情感。爱国首先表现为一种由衷的情感。爱国主义教育要引导学生从热爱故乡、母校、亲人、师友，继而拓展到锦绣河山、灿烂文化、杰出英雄和勤劳智慧的人民。

其次，在开展德育管理的过程中，要注意培养学生的国家和民族意识。祖国、国家政权和民族是密不可分的，祖国不是抽象的。要教育学生记住根本，树立民族自豪感、自尊心和自信心，确立"国家兴亡，匹夫有责"的强烈责任感，自觉为维护国家安定，为中华民族自立于世界民族之林作出应有的贡献。

此外，应注重培养学生作为公民的历史使命感。爱国主义的深层表现是理性的，面对现实、正视困难是一个坚强而成熟的民族应有的性格。和平年代长大的孩子缺乏民族忧患意识，班级德育要特别注意实事求是地进行爱国主义教育，培养学生"舍我其谁"的历史使命感。

2. 集体主义教育

集体主义教育是使学生形成集体主义观点，关心集体、助人为乐的感情和善于在集体中生活的教育。

集体主义是新时期我国人民的正确价值取向，它是指导我们合理处理个人与国家、个人与集体关系的正确思想。班级集体主义教育要紧密联系现阶段的社会实际展开。

首先，让学生懂得坚持集体主义，必须正确处理好个人与他人的关系，明确"人"字的结构就是相互支撑，离开集体，没有他人的关心和帮助，个人的生存和发展便无从谈起，而健康的集体要靠每一个人去营建和维护。

此外，集体主义教育要随着学生年龄与知识的增长，不断提出更高的要求。

小学生要理解集体的含义，懂得关心集体，为集体做好事，维护集体的利益和荣誉，懂得在集体中团结友爱、互相帮助。

中学生则要侧重培养自我管理能力，分清友谊和哥们儿义气，学会用批评和自我批评的武器来调节集体成员间的关系，明确服从集体利益，维护集体尊严是每一个集体成员的天职。

3. 社会道德教育

在德育管理工作中，加强学生的社会道德意识，首先要加强中小学生日常行为规范的教育。《中小学生日常行为规范》是为了从小养成学生的良好行为习惯而制定的，通过持之以恒的严格要求和训练，必将有助于学生们的健康成长。

其次，要加强学生的公民道德和社会公德教育。社会道德规范是为了维护社会的良好道德秩序和每个公民的合法权益而存在的，它需要每个公民去自觉遵守，共同维护。班级管理中要对学生进行公德教育，从小处着手，逐步完善学生的道德修养。

此外，要强调学生的现代文明生活方式和交往礼仪教育。社会的进步不仅体现在政治、经济、文化、教育等方面，也表现在人们的生活方式的改变上。

现代社会，人们越来越注重生活的质量，"生活"的文化内涵更加丰富，中小学教育要给孩子们进行文明生活指导。另外，交际已成为现代人生活的重要组成部分，如何进行成功的交际，注重交际礼仪是很重要的一个方面，因而同样需要班主任对学生予以指导。

4. 劳动教育

德育管理过程中开展学生的劳动教育是使学生树立正确的劳动观点和劳动态度，培养学生热爱劳动及劳动人民的情怀，养成劳动习惯的教育。

首先，要培养学生树立劳动观念，确立正确的劳动态度。劳动是人类改造世界的一种积极的实践活动。劳动就形式而言是很多样化的，但就其伟大意义而言却是一致的：劳动美化和优化着我们的生存和发展空间，劳动延续和创造着人类的文化，劳动也挖掘着人类自身的创造潜能，优化着人的生命。没有劳动，人类将驻足不前，甚至退化灭种。中小学教育要培养学生积极的劳动态度，让劳动观念不断得到强化。

其次，逐步引导学生养成良好的劳动习惯，培养初步的劳动能力。习惯的养成要以实践为媒介，能力的培养也要靠实践来支持。班级德育实施过程中要创造一些条件和机会，让学生在劳动中体会劳动的乐趣，从而逐步养成习惯，形成能力。

与此同时，要注重培养学生热爱劳动的健康情感。劳动要付出血汗和精力，创造是诱人的，但更是艰辛的，正因为这样，自古以来总有一些人厌恶劳动、轻视劳动，以不劳而获、坐享其成为荣，这种思想至今仍有一定的市场，因此，班级德育中要注意引导学生正确地理解劳动，培养学生热爱劳动的健康情感。

三、加强学生智能的培养

在对学生进行智育管理的过程中，班主任作为班级管理者，在发展学生智力、培养学生能力方面所起的作用主要体现在引导、规范学习行为，营造、调节学习气氛，补充、完善学科知识，强化训练各种技能，推动、促进智能发展等诸多方面。

1. 合理组织课外活动

在开展智育管理过程中，组织与学科相对应的兴趣小组活动，利用课余时间通过多种形式拓宽学生的知识面，巩固课堂所学的知识，形成多方面的技能，加强学生智能的培养，培养各种能力。

首先，开展课外阅读活动。阅读可以培养学生对某一领域知识的浓厚兴趣，激发学生强烈的探究欲，这种兴趣和动机会迁移到相关学科的学习中，有效地促进学科知识的学习。同时，阅读可以丰富和拓宽学生的知识面，帮助学生更好地理解和巩固当前所学的知识，特别是阅读一些具有前瞻性的科普读物，还能提高学生的抱负水平，激发学生献身科学的进取精神。读书也是一个技能训练的过程，在阅读活动中能有效地提高学生"读"的速度，学会"泛读""精读""摘录"等技巧。另外，阅读名人传记可以让同学们以人为鉴，从中彻悟人生，以强化学生不断充实完善自我的意识。

其次，可以采用课外兴趣小组活动的形式，组织学生开展一些与科学技术相关的创造活动，其根本意义并不在于最终成果怎样，而在于这些活动为学生提供了训练思维的机会，提供了培养创新能力和实践能力的机会，使学生从中学会了独立思考、独立操作，为日后成为创新人才打下坚实的基础。

此外，还可以有效地结合知识竞赛活动开展学生的智能培养工作。竞技性活动往往可以刺激学生的成就感和进取心，培养学生不甘落后、奋起直追、争强好胜、追求卓越等良好个性。

开展诸如中国近代史知识竞赛、口头作文比赛、演讲比赛、百科知识竞赛、书法比赛、自然科学常识竞赛等活动，不仅有助于学生加深理解所学习的知识，而且可以训练学生多方面的技能。

2. 激发学习热情

班级管理过程中，班主任作为班级管理者，应努力创设一个热爱学习，争先创优的氛围，引导和激励全班同学学好本领，发展自己。

首先，可以组织倡导学生共同创建一个图书角。同学们自筹书籍，自己管理，实现信息资源共享，课间、课余时间看看书，讨论讨论问题，教室透着浓浓的书卷气，学习的氛围便营造起来了。

其次，组建学习小组，鼓励学生以组为单位，一组一张手抄报。具体可以将全班分成若干个学习小组，倡导每组主办一张报名独特、风格别致的手抄报纸，班里定期举行比赛，同学们在动手办报的同时便获取了新知，训练了写作技巧，培养了编排文字和设计版面的能力。

此外，班主任还可以结合各科教学活动，在班级内定期公布学生在学习中取得的各项进步情况，以此来不断激励学生进步。

3. 培养良好的学习习惯

在开展智育管理的过程中，为强化对学生智能的培养，班级管理者应及时了解班内学生的学习特点以及学习兴趣等，结合学生自身学习情况有针对性地引导学生养成良好的学习习惯。

例如，自班集体组建的第一天起，就要制订一套有利于学生发展的规章制度，其中也包括学习方面的要求，可以制定《××班学生学习常规》，从预习、听课、作业、复习、小结等方面提出最基本的要求，以规范学生的学习行为，逐步养成良好的学习习惯。

四、加强学习方法的指导

在对学生开展智育管理的过程中，注重对学生学习方法的指导，提高学生的学习能力，构建自己的知识系统，对班级管理目标的实现具有重要意义。

1. 注重非智力因素的调节

非智力因素指人的心理构成要素中不直接参与智力活动，但对智力活动有着特殊影响力的因素。它主要包括情感、意志及个性倾向性中的兴趣、动机、理想和个性心理特征中的性格等因素。

学习过程是学生全部生命参与的活动，其中既要有智力因素的参与，也要有非智力因素的参与。学习活动的顺利高效完成不仅要求学生具有良好的认知状态，还要有良好的非智力因素作为其心理条件来支持智力活动的开展，否则，学习的成功是不可能的。

与此同时，在认知发展的各个水平上，非智力因素都将不同程度地影响学生的学习状态和学习效果。对智力发展良好的学生来讲，完善的非智力因素可以使他的学习锦上添花，而非智力因素的严重缺陷则可以使他步入困境。

2. 开展学习经验交流

在开展智育管理的过程中，组织学生进行学习经验的交流是一种较为传统的活动形式。班里可以定期组织学习经验交流方面的主题班会、队会，让学习能力强、学习成绩优异的学生谈体会、传经验、讲窍门，激发学习暂时落后学生的学习热情，指导他们学会学习；也可以请学习进步快的学生讲经验、谈体会，这样既可以强化报告者的自信心，有效地实现自我激励的目的，又可以激活其他学习落后学生的学习动机，使他们看到希望，找回自信。

班主任还可采用现身说法，以过来人的身份向学生介绍学习的经验和体会，让每一个学生都能进入高效学习的状态。

3. 调整学法指导的重心

首先，在注重指导学生的学习方法过程中，要强调先进方法的借鉴。学习方法不是一成不变的僵化模式，随着社会的发展也在不断变化，新的方法往往是适应社会发展需要应运而生的，因此，它往往充满生机和活力，具有普遍的指导意义。班主任要成为一个有心人，及时发现新的方法并以有效的方式向学生们推荐，让学习科学的最新成果变成改善学生学习状况、提高学习水平的有力武器。

其次，要在管理教育过程中，注意对学生现代信息技术方面学习的引导。进入"信息时代"以后，人们获取信息的手段发生了划时代的革命，谁掌握了最先进的信息技术，谁就能在竞争与发展中处于优势。

因此，现代班主任应向学生介绍有关"信息技术"的知识，提高学生的认识，为他们掌握这一技术提供积极的帮助。同时，要指导学生增强识别信息的能力，以抵制不良信息的负面影响，科学而有节制地"上网"，保持身心的健康，保证正常的学习不受影响。在大城市的中小学，抓好这一工作尤为必要。

第二节　班级文化建设

班级管理中的文化建设旨在让学生的精神生命处于一种朝气蓬勃的发展状态，同时，能够在和谐美好的班级环境中与同伴、老师加深彼此的交往，不断丰富自己的生命内涵，并能逐步掌握个人与班级发展的规划技能，以更好地实现和提升自身的价值。

一、班级环境设计

狭义的班级环境是指班级的物理环境，包括教室、课桌椅、窗户、户外教学区等等。广义的班级环境除了物理环境之外，还包括学生群体（主要是班集体）、师生关系等等由人际交往所造成的某种特定的心理气氛，即心理环境。后者往往会对教学活动及其效果产生不可低估的影响。

教室的环境是需要美化的，但不是一定要有一个统一的标准，而是可以讨论的。

有这样一则案例：

某校制定的标准化教室布置要求：

1. 教室后墙有学习园地，内容充实，整洁大方。

2. 教室靠楼道的墙壁悬挂中国地图及世界地图。

3. 教室靠窗户的墙壁张贴名人画像或名人名言。

4. 教室黑板的正上方必须悬挂国旗，国旗两侧张贴班训和校训。

5. 黑板靠楼道的一边张贴课程表、值日生表、作息时间表。

6. 黑板靠窗户的一边张贴规章制度，要求做 60cm×70cm 的镜框。

7. 本班的卫生工具摆放整齐有序。

8. 教室内最少应有 5 盆花，全部摆放到窗台上。

9. 标准化教室布置评比满分 10 分，评分未达到 6.5 分者为不合格布置，责令重新布置。

10. 设布置教室奖。凡布置合格者，从高分到低分，分一、二、三等给予奖励，奖励力度按《工资考核奖惩暂行规定》中的规定标准执行。

案例中的学校对教室环境的布置规定了一个标准化的要求，恐怕值得斟酌。教室是教育教学的场所，因此，教室的布置应该以教育目标、学生的需求、审美观念，兴趣爱好等为基础。而不同年级、不同层次的学生对于教室布置的要求也不尽相同，为此，教室的布置不应该统一格式，而应该突出班级特色。

与此同时，在班级环境中，班级气氛是一个重要内容，可对学生学习行为产生深远的影响。因此，教师在班级管理的过程中应该为学生营造一个良好的班级气氛，给学生提供优质的学习与生活的环境，这样才能使学生喜爱班级生活。班级气氛指的是班级中各种成员的共同心理特质或倾向。它借由同学之间，师生之间的价值、态度期望与行为交互作用，经过一段时日之后，自然形成一种独特的气氛。它会影响每一名成员的思想、观念或行为模式，同时也塑造学生的态度与价值观，影响学生在教室中的学习活动。

因此，在班级文化建设过程中，营造良好的班级气氛应注意以下几点原则：

首先，合理运用鼓励与强化。鼓励与强化是教育过程中的万灵丹，教师必须在班级生活中灵活运用这两种策略，才能收到预期的效果。一般教师在学生出现偏差行为与反社会行为时，惯于运用体罚、惩罚的方式对待学生，造成以暴制暴的不当后果。学生只会以攻击行为面对学习中的逆境，容易让学生停留在错误阶段。教师与其消极地体罚学生，不如了解学生偏差行为形成的主要原因和问题症结，以积极说理的方式，维持班级和谐的学习气氛。

其次，教师必须以身作则。以身作则是行为的最佳示范，教师在班级生活中必须随时留意自身的一言一行，一举一动，给学生提供学习的楷模。教师如果展现不当的行为，容易有不良示范作用，产生不良的后果。教师如果在班级生活中忽略以身作则的重要性，对于自己无法达到的要求，学生恐怕也无法达到。

此外，适当运用情绪暗示。在班级生活中，学生会偏向停止被责难的活动或顺从教师的要求，以顺从教师的情绪反应。因此，学生会细腻地观察教师的情绪反应或是教师的脸色，作为行为表现的参考。如果教师的脸色充满快乐，则学生在行为表现方面会比较随便而不拘小节了；如果教师脸色不佳，则学生会自我暗示式相互提醒教师的情绪状况，进而约束自身的行为。因此，教师在班级生活中面对学生有不良行为出现时，可以适时地运用各种情绪性暗示，让学生了解教师的情绪。

二、营造和谐的成长环境

在班级文化建设过程中，营造和谐的成长环境，对构建民主型班级，实现最佳的班级管理目标具有重要作用。

因而，在班级文化建设中，管理者应从民主型班级的客观需要着手，形成相互支持的人际关系，让学生们的心灵得到充分的滋养。

首先，班级管理者应注重沟通引导，从而能够在学生之间形成相互欣赏、相互合作的人际关系，使学生们在共同的活动中互相理解、互相帮助。良好的同学关系，可以通过班级中的各种交往机会来培养。教师需要结合班级日常生活、结合学生生活中出现的一些事件，有意识地予以引导。

例如，某位同学要转学，某位同学结交网友时遭遇到复杂的状况，某些学科换了任课教师……类似的事情，都可以成为组织专门的班级活动的契机。学生自主地精心策划的班级活动（包括写文章、排演节目、讨论等），可以敞现学生的真实想法，使学生学会相互理解、相互欣赏，并在此过程中相互支持。

从建设班级文化的角度关注生生关系，当然也不能忽视正式的班级组织生活的改善，例如，可以就如何设立班级岗位、民主改选班干部和其他岗位负责人等问题，组织学生个人、小组、全班进行多层次、多方面的沟通，在形成更为合理的看法，策划、组织相关活动的过程中，同学之间敞开心扉、真诚合作、共同创造的氛围也就顺利地生成了。

此外，还要注意师生之间的平等交往，切实营造一个有利于学生成长的和谐环境。

三、拓展生活空间

班级文化构建中，管理者应强调民主型班级建设，引导学生逐步学会掌握发展的主动权，积极创造属于自己的精神生活，提高生命质量。因此，在班级教育中，教师首先应该充分利用班级成员和群体自身的生活内容开展活动，以便有效地营建更好的班级文化。在此基础上，教师还可以尝试拓展学生的生活领域，带领学生主动拓展生活空间，让学生学会主动参与班级和社会生活建设，让学生学会在更广阔的生活中直接汲取主动发展的动力，形成主动发展的思想。这也就是在提高他们的精神生命质量。

首先，班级管理者应逐步引导学生进入更为开阔的活动空间。在班级管理实践过程中，有的教师通过研究性学习或班级主题活动，组织学生调查了解周围的社区生活（如本社区的历史文化、环境的污染情况和保护情况等），了解和整理新闻内容，这些都是拓展班级生活空间的好思路。其中，最为关键的就是在个体生活与这些更广阔的学校生活、社会生活之间建立有机联系，让学生感受到这些生活与自己的感受、作为有密切的关系。

对于民主型班级来说，学生在更开阔的天地中看到的事物，他们主动形成的这些认识，都是宝贵的教育资源。教师如果善加利用，一方面可以真正从"教书匠"的传统形象中走出，另一方面可以用"四两拨千斤"的专业智慧推动学生发展到更高的境界。此时，教育艺术就不再只是一种抽象的口号，而是真实的行为。

此外，学校建设固然要精心设计教育环境与班级文化，但这并不等于固守封闭的生活理想，也不等于要回避生活中真实的学生，一些学生家境贫寒，父母受教育程度较低，从而导致很多学生不愿在班级文化活动中提及自己的父母，更不愿父母到学校来参加活动。

因此，在班级文化建过程中，努力拓展学生的生活空间，建设民主合理的管理体制、创设主动参与的活动机制、营造开放舒心的班级文化，可以引导学生面对现实、辨析生活现象，让学生学会从中寻求发展空间，通过高质量的学校生活提升其整体生活境界，从而让他们学会开创属于自己的新生活。

第三节　班级活动机制

活动是人作为主体与他人和外界事物进行相互作用的过程。不过，相当多的教育活动往往是从学生个体的角度设想活动目的、对象、手段和结果，而这些设想又过多地注重达成教育者为学生预定的活动目标，注重完成自上而下规定的各种事务性的任务，因而仍具有相当程度的封闭性。

班级活动是班级在班主任指导下，根据学校整体安排或班级学生发展需要而进行的全员性活动的总称。它既可以是弥补课堂教学不足的教学活动，也可以是开发智力或发展能力的课外、校外活动，它是学校教育活动的有机组成部分。有计划、有目的地组织内容科学健康、形式新颖活泼的班级活动，可以大幅度地拓宽学生的视野和活动空间，培养学生独立工作和学习、交往的能力，可以发展学生的兴趣、爱好、特长，有利于及早发现和选拔各种专业人才。

一、班级活动的内涵

在班级授课制的现代学校中，广义的班级活动包括两大系列：一是课堂教学活动系列；二是课堂教学活动以外的一切由班级集体组织的活动系列。毋庸置疑，课堂教学活动是学校工作的中心，占学生在校时间的 3/4，担负着培养学生德、智、体、美、劳全面发展的任务。而我们指的班级活动是狭义的班级活动，即课堂教学活动以外的一切由班级集体组织的活动系列。

班级活动具有共同性，参与活动的教师和学生都是班级活动的主体，为共同的活动目的，统一行动。班级活动还具有发展性，即通过活动使学生能得到陶冶、丰富和发展，也就是说，班级活动不同于学生课间的娱乐活动，它具有一定的教育性。班级活动也是一个互动的过程，师生之间，学生之间相互交往、互动，这是班级活动的社会性特征，即班级是一个"准社会"，班级活动在一定程度上有社会活动的特征。

与此同时，班级活动的类型可以从多维度进行划分。按活动的内容，或按活动自身的性质可以分为政治性活动、科技性活动、文体性活动、经济性活动、劳动性活动、军事性活动，等等。唐云增等人主编的《中小学班集体建设经验全书》把班级活动分为两大类：一是

"按人的一般发展来分，可分为学习、劳动、游戏三类"；二是"按班集体建设实际操作来分，可分为主导目标教育活动、指令性活动和周期性活动三类"。同时，也有学者对集体活动的分类是这样阐述的："就其内容而言，集体活动可以分为政治思想教育活动、学习研究活动、公益服务活动和文体娱乐活动等。""就时间来看，集体活动可以划分为经常性活动、重点教育活动和传统教育活动。"

另外，综合一些著作中涉及的班级活动名称还有：班级教学活动、班集体建设活动、班级管理活动、班级劳动、班级科技活动、社会实践活动、生活指导活动、主题班会活动、心理健康教育活动、爱国主义教育活动、自我教育活动、青春期教育活动、读书活动、节假日活动，等等。总之，班级活动包罗万象，是学生班集体生活的重要组成部分。

二、班级活动机制的意义

有这样一则案例：

校运会上的拔河比赛，我们输了。学生们垂头丧气地回到教室里，有几个急性子的孩子还在抹眼泪。

安慰他们？给他们讲道理？我正在思考，怎样才能让孩子调整好自己的状态，从这次的比赛中吸取教训。突然，一个孩子站起来激动地说："老师，我们不服气，肯定是对手搞了小动作。我们再和他们比一次。""那不可能，比赛有比赛的规则，他们违规会被淘汰。可能是我们站的地势不好"……

听着孩子们七嘴八舌的议论，我明白了他们认识上存在问题。我在黑板上认真地画上一条横线，然后示意大家安静。学生们都疑惑地望着我。

"同学们刚才说的话有一定道理。不过……"我故意顿了顿，提高嗓门说"谁能想办法不擦这条线就能让它变短?"

教室顿时沉默下来。

良久,一位孩子轻声说:"老师,你试试!"

我微微一笑,用力地在横线上方画了一条更长的横线。

教室一片哗然。

一会儿,教室里的声音小了,孩子们的眉头渐渐舒展开了。

有人举手,我的眼神鼓励着他大胆发表自己的看法。"老师,我是这样想的。下面的横线代表对手,上面的横线代表我们。当我们想超过对手时,就要自己加油!"孩子激动得脸都红了。

我肯定地点点头,用目光询问全班同学。

又一位孩子站起来:"拔河比赛我们输了,要在我们自己身上找原因。"

"对,我们不能去埋怨别人怎么样,关键是要自己努力,用实力去战胜他们。"

我注视着全体同学,动情地说:"同学们,你们乐于思考并大胆说出自己的看法,做得好极了!是的,任何比赛,都想赢,但我们要赢得漂亮;输,也要输得光彩。不用为失败找借口,要想成功,就得让自己强大起来!"

教室里响起了热烈的掌声,笑容又重新回到孩子们的脸上。

竞赛活动不管成功还是失败都是极好的班级活动题材:成功了可以总结成功的经验,失败了可以寻找失败的教训,最终使学生明白自己的强项与弱势,明确努力的方向,给学生一种前进的动力。结合班级发生的事件组织班级活动,对学生来说最有亲切感,这样自然容易理解和接受。这不仅对学生个体形成正确的归因,促进自身的发展有积极作用,而且对班集体的建设具有直接意义。

首先,班级活动对于个体发展具有重要意义。丰富多彩的班级活动可以诱发学生产生良好的角色体验，让学生发现并展示自己的长处，使一些学习成绩平平，却有特长的学生摆脱压抑感，有了发挥自己潜能的平台。过去的"应试教育"以学习成绩为衡量学生的唯一标准，只重视抓课堂教学活动，忽视了丰富多彩的教育、科技、文化和社会实践等班级活动，结果使荣誉的光环只落在少数几个学习尖子身上，而绝大多数学生的情感受冷落，优势难以发挥，才华不能展露。只有组织丰富的班级活动，才能为具有不同特长和优势的学生创造施展才华的机会和条件。能歌善舞者可以在艺术活动中展示才华，体育健将可以在运动场上大显身手，擅长策划和组织的可以在各项活动中脱颖而出。他们在这种角色变换中获得了成功者美好的情绪体验，增强了自信心，还可以培养学生的交往能力和社会适应能力，形成健康的个性心理品质。

与此同时，班级活动还可以促进班级成员之间的交往，使班级具有良好的人际关系。青少年有交往的需求渴望，在良好的交往中相互学习、相互了解、相互促进。哪些同学有哪些特长，只有开展活动才能清楚。并且，学生在参加班级活动中不断增进交往，增进友谊，不断增加朋友，为确定成长过程中不可缺少的志同道合的友谊奠定了基础。

其次，班级活动对于班集体的建设具有重要意义。班集体的巩固与发展，除了朝夕相处的学习生活外，还有刺激强烈的班级活动，诸如运动会、艺术节等竞技性的全校活动。在这些活动中，班级的荣誉有时是压倒一切的，为班级争光成了每个同学最期待的事，而在这些活动中胜出的成员，自然成为班级的英雄。在这些活动中，同学们相互鼓励，一起喊"加油"，成功了，一起兴奋不已；失败了，一起难过，学生对班级的热爱与依恋的感情会被极大地激发出来。也是在这个时候，班主任与学生的关系最融洽，师生一起出谋划策，一起面对困难和解决困难，一起焦急、喜悦和感动，大大增进了师生之间的情谊，使学生更加信任班主任，使班主任更加热爱学生。因此，是这样的班级活动极大地提升了班级的凝聚力，使班级不仅是一个教室和一群学生，而是学生和教师共同建设的家园。

此外，班级活动的开展有助于良好班风的形成，良好的班风能使班级保持步调一致，积极进取，精神面貌、学习态度都保持较佳的水平，容易管理。相反，不好的班风会给学生带来不利影响，班级成员往往消极怠惰，精神涣散，容易受不良风气影响。开展有意义的班级活动有助于形成良好的班风。首先，班级活动可以形成正确的集体舆论。通过一系列活动让学生在活动中思考、体会、感悟，并自觉地形成一种正确的集体舆论。其次，班级活动可以形成班级荣誉感。荣誉感来自自尊心，当个人的自尊心超过了一己之利时，对班级的关心力量方能得以汇聚。

三、开发更新活动内容

1. 依据学生的真实想法

在新型民主的班级管理活动中，教师应站在学生的立场上考察他们生活中出现的事物，思考这些事物对于他们所具有的意义，而不能只是居高临下地用固定标准来衡量和剪裁学生生活。应该看到，生活本身是具有生成性的，因此，不可能指望下一代人完全重复上一代人的文化生活。一方面，学生生活中必然有许多反映时代特征的因素，学生的思想和行为必然会受到当代各种观念和意识形态的影响；另一方面，学生生活中还会出现富含年龄特征的内容，包括许多"亚文化"现象，这也需要教师予以关注并进行合理引导。

在利用更高的专业智慧理解学生真实思想的基础上，教师可以将学校教育要求与学生需要结合起来系统地安排班级生活内容。无论是实施民主化的管理，还是根据学生生活实际安排班级活动内容，都不可能抛开学校教育的要求。一些学校将班级活动分为不同层次，如"小组（小队）活动""十分钟队会"、"主题班会"等，给学生更多的机会来展现其真实的生活内容，共同探讨班级发展中的现象。在相对小型的活动中给学生更多的自由，让更多学生敞开心扉，可以使班级生活中的各种问题或现象及时呈现，便于教师找到相应的对策，为学生澄清一些看法。

教师应该用心关注班级生活中的教育资源，这样，教师就会看到：每一位学生都有着独特的内心世界和旺盛的生命活力，一群学生在一起共同参与创造的班级生活会因种种相互作用而不断生成丰富的内容。面对这些资源，教师应该防止两种极端情形的发生：其一，因固执于传统观念而遮蔽、漠视这些内容；其二，放任这些生活内容自在地呈现而又自然地流逝。所以，教师有必要进一步考虑如何充分开发和利用这些宝贵的教育资源。

2. 从真实生活中开发活动资源

中小学生的认识能力和活动能力都还比较弱，不容易清晰地理解生命意义及自身发展的需要，也不容易分辨和选择各种发展条件，但他们又很容易受到各种外在因素的影响。因此，在这个时期，教师需要关注学生生活中更鲜活的，也因存在更矛盾多而引起他们困惑的更真实的内容，在学校教育中展现它们，并充分利用学校教育独有的资源（有承担培养任务的专业工作者、优秀的人类文化成果，更重要的是，有与他们共同成长的同学、老师），来帮助学生更深层次地感受生活。

与之相反，如果仅仅通过自上而下地规定学生班级活动的内容而对他们实施控制，就会使新一代人从小就习惯于按照别人的意愿和规定去生活，而无力自主地面对自己的真实生活，也不会在解决问题和提升生活质量的过程中学会开拓生活。事实上，传统的德育之所以低效，其原因之一正在于此，即没有面对学生的真实生活，只在成年人堂而皇之的设想中预定学生的发展，致使学校教育与学生的真实发展距离越来越远。

因此，在"民主型班级"中，教师需要关注学生的真实思想、真实生活，并以此为基础开展有真实教育意义的活动。

3. 提高更新活动内容的认识

首先，更新活动内容是班级活动本身的要求。从目前我国中小学班级活动的现状来看，班级活动更多的是围绕校规校纪、集体主义教育等主题进行的。即使有少数以青少年共同的兴趣爱好为基础而组成的科技活动，也因受财力及指导不够等原因而收效甚微，不能真正达到培养高素质复合型人才，突出和发展学生个性的目的。因此，加大班级活动内容的探索力度，赋之以符合时代和社会发展的全新内容就有了十分重大的意义。

其次，及时更新班级活动内容是素质教育的要求。全世界教育范围内都出现了全方位的教育改革趋势，这些教改都立足于三大基点：一是教育改革要适应国际经济竞争；二是以国际智能为原动力；三是适应国际信息化需要，把教育信息化作为教育改革的具体目标之一。作为学校教育的有机组成部分，班级活动也必须适应教育思想的变化，适时增加以提高学生素质为目的内容。

四、形成主动的活动机制

1. 开辟多层次的活动空间

在开发出丰富的教育资源的基础上，老师可以开辟多层次的活动空间，包括主题班队会、小组（小队）活动、每天的"十分钟队会"等，让每一位学生都有机会在集体氛围中学会关注生活中的各种事物，辨析其中的生活道理，提炼生活感受，并共同创造更好的个人生活和集体生活。

其中，小组活动（小队活动）既可成为班队会等整体活动的一部分，也可根据各组同学的特长和兴趣，由小组（小队）成员独立选择活动目标和活动内容，自主开展活动。在一个开放的班级活动机制中，小组（小队）的这两类活动实际上可以相互转换，并不一定有绝对的界限，甚至一些个体自发进行的兴趣活动也可能成为生成全班生活内容的起点。例如，教师发现个别学生出于兴趣创办了"电脑小报"，就可以将其转化为小组（小队）活动、班级活动，让学生人人关心小报，乃至主动关心班级动态，积极向小报信箱投稿。还可以让小组（小队）活动与班级主题活动相互转化。例如，在规划好班级主题活动内容的基础上，每个小组（小队）轮流主持一次主题活动，做到人人参与、富有个性。

2. 积极引领学生开展活动

班级管理者开展活动过程中，在关注学生真实生活内容的基础上，还需要引领学生学会主动开展班级活动，使开放的生活领域成为主动发展的广阔天地。这可以体现如下几个方面：

（1）拓展生活视野。教师应引领学生逐步学会全面了解活动内容，由此拓展其生活空间。这种拓展包括从学科学习拓展到更为广阔的文化生活空间，从个人生活拓展到群体生活、家庭生活、社会生活。需要注意的是：这里所说的学生生活内容，也包括将学校提出的活动安排和要求融入学生的真实生活中（而不是一味地将学校要求作为命令或预定的学校生活标准）。教师应该让学生评价学校要求的合理性，理解合理的要求或者自己主动提出这些要求，并落实在班级活动的系统规划之中。

（2）拓展外界联系。教师应引领学生与外部世界和他人建立更丰富的有意义的联系，从中选择合理的活动目标，不断提升发展需要。

（3）深化成长体验。教师应引领学生根据自己选择的目标主动筹划各种活动，在提出目标、设计方案、实施活动和反思活动效果等过程中获得深刻的体验，丰富对自己、对他人、对社会和对世界的认识，由此学会开创未来生活。

第四节　制度规范管理

制度规范是人类为了满足需要而建立或自然形成的，是价值观念的具体化。有约定俗成的风俗，也有明文规定的法律条文、群体组织的规章制度。各种制度规范之间互相联系、互相渗透、互为补充，共同调整着人们的各种社会关系。

因此，班级制度及规范的管理作为班级管理的基本措施之一，具有十分重要的意义。

一、实行制度规范管理的意义

制度化、规范化管理，要求在管理工作中制定统一的"规范""标准"，使各项工作都能有章可循，有纪可依。在班级管理过程中，实行制度化、规范化管理具有以下几点实际意义：

首先，克服班级管理中的盲目性和随意性。在实际工作中经常看到，有的班主任工作缺乏应有的规章和制度，或者虽有规章和制度而不能落实执行，盲目性、随意性的成分很大，致使班级经常处于忙乱状态。这样的班级管理水平极低，效果极差。

其次，规范化、制度化的过程也是对学生进行遵章守纪的教育的过程。通过经常严格地遵守规章制度，学生受到应有的教育，从而养成他们遵章守纪、认真负责的良好道德风尚。

此外，便于对工作实行检查和验收。

二、常规的制度规范

1. 班级管理规范

班级管理规范基本上是为了谋求调整两个力之间的矛盾而制定的，这个矛盾即旨在实现团体要求的力和满足个人需求的力之间的矛盾。由于发挥这种力量的主体是教师和学生，所以，规范也规定了包括教师在内的成员之间关系的规则。经过一连串的人际互动，逐渐使矛盾得以调和，团体规则得以调整和确立。班级管理规范或者称之为班级的"游戏规则"，可以界定为"班级团体成员所共同拥有的认知、态度、行为的持续的参照架构"。这种游戏规则加上国家和学校制定的管理制度，我们在宽泛的意义上可以把它视为关于学生管理的制度。

规则是人们为协调人际关系而制定的基本要求，是一种解决问题的原则性意见，班级中有许多规定和规则。在通常情况下，规则和规范可以通用，但是，严格地讲规范不等于规定和规则。要形成所有成员都能自觉遵循的规范则需要一个漫长的过程，能否形成规范既是群体内部矛盾冲突、较量的结果，也是规则合理性、科学性的一个考验。合理的、科学的规则只有在一个有正确舆论导向的班级中才能形成规范，也就是说规定和规则只有成为大多数成员的行为参照标准时才能成为规范。从规则到规范有一个实质性的变化，甚至还不完全一致，规范一方面要反映群体要求，同时又可以尽可能地满足个人的要求。

2. 班级群体规范

班级群体规范是衡量两种力量冲突相调和的产物，因此，最终形成哪些规范和什么样的规范模式取决于两种力量的较量。实现群体的力量加强了，规范便会成为遵循群体要求的规范；倘若源于个人的需求力量加强了，规范便向着遵循个人需求的方向发展。例如，教师要求"专心听讲",学生却想说悄悄话,终于喋喋不休地说开了,教师如果不能说服学生,不能让学生自觉遵守"专心听讲"的要求,久而久之,"上课时也准许说悄悄话"就将变成了规范。此所谓"习惯成自然",约定俗成的行为规范就成了班级的"游戏规则"。

班级规范赋予学生的认知、情感、行为以同步性,或者说统一性。这种同步性不仅由于其他学生对统一步调的压力而发挥作用,而且也是同社会政治、经济、文化、生活的规范相映照的。我们不能认为由于有了统一要求,规范就只能限制学生的行为,这是片面的。

3. 社会规范

社会规范是人们在改造社会的长期实践中形成的适应性行为模式。它一方面是对人们社会行为和社会关系普遍规律的反映,也是一定社会人们行为和相互间关系基本要求的概括;另一方面,它是通过某种习俗、传统方式固定下来或由国家及社会组织认可的,构成一定社会成员普遍遵循的行为准则。

人们之间在生产和生活中要发生各种联系,规则将人们联系起来,使人们知道自己的行动会引起别人和社会公众的何种反应,自己需要承担什么样的责任,从而采取理性的行为,这种规范是由长期经济社会发展的历史所积淀形成的,形成一种文化,成为公共意识。不同的民族文化有不同的规范特征,它为自己社会成员的行为大体上确定了坐标和位置,无论人们愿意与否,都得在既存的文化环境中生活,都受到规范的约束。社会规范系统是文化系统中发挥规定协调人的行为、组织有秩序的人类群体生活功能的部分。

三、班级制度规范的制定

任何组织都离不开基本的规范,班级也是如此,否则,它就难以建立正常的秩序和运行机制。对于"民主型班级"来说,规章制度的制定，不仅起着维持秩序的作用，更起着有效的教育作用。这既体现在民主制定班级规范的过程之中，也体现在此后自觉遵守规范、维护规范，乃至创造新规范的过程之中。显然，发动学生民主参与班级规章制度的制定（包括后续的维护和更新），可以成为一种具有重要教育价值的管理活动。

有这样一则案例：

我国著名教育实践家魏书生在当班主任时根据班级的特点制定了班级规范，除了让学生遵守教育部规定的中学生守则之外，他还对全班学生提出了如下要求：

1.辨证地分析自己，看到自己是一个广阔的世界，尊重并忠实于自己真善美的观念，对自己负责任。做自己的主人，有战胜自己假丑恶的能力。牢记：自胜者强。埋怨环境，天昏地暗；改变自我，天高地阔。

2.尊重别人，对别人负责任。从对别人的尊重、理解、帮助、关怀、爱护、谅解中，得到别人对自己的尊重、理解、帮助、关怀、爱护、谅解；从对别人的尊重帮助中获得人生的快乐，从和别人融洽和谐的相处中感受人生的自豪与幸福。牢记：人心与人心之间等量交换的定律，己所不欲，勿施于人；己所意欲，尽施于人。

3.尊重集体、国家，对集体、对国家负责任。时刻想到自己既是集体、国家的一员，也是集体与国家的主人，决不能对集体、国家抱冷漠无所谓的态度。越是以集体、国家主人的身份思考问题、处理问题，个人的潜能越能得到发挥，个人能力增长越快。

4.充满信心。即使失败一千次，也坚信下一次的努力是指向成功。

5.意志坚强。有经受失败、打击、挫折、逆境的心理准备，真的遇到失败、打击、挫折、逆境才能不退缩，不屈服，并将此看作磨练自己的机会。

6. 胸怀开阔。不陷入鸡毛蒜皮的斤斤计较之中，更不陷入窝里斗的怪圈，大事清楚，小事糊涂，有吃亏思想，有容人之量。

7. 除关注学校生活、教科书学习外，对社会、对世界的问题有较广泛的兴趣。善于从政治、经济、教育、文化、科技的广阔信息的海洋中，搜集有助于自己学习的教材、有助于自己勇往直前的信息。

8. 能做实事，有潜心实干的精神。在没有更理想地实事可做时，先潜心做好眼前的、手中的实事。手中的实事虽不是最理想的，但一定能做成同类事情中最好的。

在班级制度规范的制定过程中，班级管理者除了自己视班级情况进行制定之外，更积极引导学生主动参与班规的制定，实行民主化。因此，班级管理者可从以下几个方面的工作着手。

1. 引导学生主动思考

在班级制度规范的制定过程中，管理者应首先促使学生自主地理解学生规则，思考自身发展状态。在学生来到学校之前，教育系统已经为他们准备好了不少的"学生守则"、"准则"或"规范"，这包括上自教育部，下至每个班主任所作的各种规定。不能否认，这些规章制度本身都有其合理性；但同样不能否认的是，有的学生一直没有机会，甚至没有勇气自主地审视这些规则，而是默默地接受着成人好心的管束。在"民主型班级"中，这样的情形是需要改变的。无论制定这些规则的部门或负责人拥有多么崇高的权威，孩子们自身拥有的精神生命尊严都不容忽视，且应受到更多的尊重，因为他们必须成为自己和社会、今天和未来的主人。因此，尽管我们依然要求学生遵守这些已被赋予权威的制度规范，但同时也一定要让学生主动地反思、审视这些规则的合理性，从而使他们明智地理解这些规则，主动并有创造性地执行这些规则。

经过这样的审视和选择，有的学生发现：不少规则只是为学生设置了"最低标准"，而许多学生其实已经超越了这些要求。也就是说，在已经达到一些要求的情形下，重复性地宣示、"无事生非"地执行某些规则，其实是没有意义的。有的学生提出，一些所谓的"日常行为规范"，看似条目众多，有几十条乃至上百条，其实真正重要、有实际价值的可能不到20%。还有学生提出，在创建"民主型班级"时，我们实际上已经把许多规则融合到日常生活之中了，所以无需特别强调这些规则，在这个基础上，我们要做的是自觉地提出更高的目标、更高的要求。据此，许多学生对诸多类似的规则进行梳理，区分出三个层次：已经达到的要求、即将达到的要求、需要努力才能达到的要求。类似的反思与梳理，表面上是针对各种规则，实际上是针对学生自己的生活。正是通过许多类似的主动作为，学生的生活内涵才能够得以丰富，生活境界才得以提升。

2. 民主制定班级制度规范

在引导学生结合自身对班级制度规范加以思考后，还应积极策划班级生活方向，民主地制定班级制度。一般来说，建立班级规章制度，可有多种方法。例如，就建立的方式而言，有自然形成法、引导形成法、强制形成法、参照形成法、替代形成法；就建立的管道而言，有由上而生、由下而生、平行移植、上下交融等选择；就建立时间而言，有分波分批式、重叠增强式、分层渐进式（将某种难度较高的常规分解成数个次级行为）、交互统合式等选择。

不过，对于"民主型班级"来说，教师还需要将所有这些技法用于提高班级生活质量。为此，教师需要在策划班级发展思路、主动梳理各种规则的基础上，通过民主的班级生活机制，结合班级事务整理、岗位设置，主动制定符合新需要的新规则：一方面，可以制定班级公约、一日常规、一周常规、一月常规等，但不一定要依此拼凑出各种看似整齐漂亮的条文，而应根据实际需要有所取舍；另一方面，还可以根据班级发展情况，在不同阶段作出调整，评议各种规则的合理性、先进性，评议同学们的发展状况，据此废除一些规则，创造更好的规则，进一步推动班级的发展。

四、班级制度规范的执行及监督

在班级管理过程中，当学生制定出一套合理的制度规范，并承诺遵守这些规则后，下一步就是帮助他们识别以及监控他们的行为。对小学生来说，有一个办法非常有效，就是让学生表演规则中所描述的行为。每个孩子既要表演适当的行为，还要表演不适当的行为。当他们表演适当的行为时要求其他的孩子举手表示认可；相反，不举手表示不赞同。这项活动能增进孩子对规则的理解。对中学生而言，也有一个对规则准确理解的问题。在理解之后，关键在于执行。执行的过程主要是靠学生的自觉，靠教师的鼓励和提醒，当然，监督和评价也是非常必要的，是一种善意的表现。教师要给予学生改正错误行为的机会，学生改正不规范的行为如同订正作业一样。规则执行严格，不规范的行为会逐渐减少；反之，如果执行不严，开始或许对学生还有约束作用，到后来就会成为一纸空文。

班级管理规则一旦形成，执行必须是严格的。教师必须率先垂范，以身作则，同时进行有效的监督管理，当学生违反规章，教师在处理时则要注意方法。

第五节　实施系统管理

班级对学校来说是学校的子系统，它本身又由许多子系统构成。实行科学的管理，就要根据系统论基本原理的要求，实现班级的最优化管理。

一、系统管理的理论基础

系统观点、系统分析是系统管理的基础，主要有以下几个方面：

（1）系统观点认为系统中的各个部分组成一个不可分割的整体，各个部分围绕着实现整个系统的目标而发挥作用；系统中各个部分的性质和职能由它们在整体中的地位所决定，其行为则受到整体的制约；整体是一种力的系统、结构或综合体，是作为一个单元来行事的；一切都应以整体作为前提条件，然后演变出各个部分之间的相互关系；整体通过新陈代谢而使自己不断地更新；整体保持不变和统一，而其组成部分则不断改变。

（2）系统管理是开放组织系统理论应用于企业组织管理实践的结果。该理论强调开放性、整体性和层次性。其创始人弗里蒙特·卡斯特认为，企业是相对开放的系统，边界是可渗透的，可以有选择地输入和吸收，不仅要适应环境，还要影响环境。更重要的是，企业应有意识地去改造环境。

（3）系统分析就是对一个系统内的基本问题，用逻辑推理、科学分析的方法，在确定条件与不确定条件下，找出各种可行的方案。或者说，系统分析就是以系统的整体最优为目标，对系统的各个主要方面进行定性和定量的分析，是一个有目的、有步骤的探索性分析的过程，以便给决策者提供直接判断和决定最优方案所需要的信息和资料。

与此同时，系统管理应有以下四个特点：

①以目标为中心，始终强调系统的客观成就和客观效果；

②以整个系统为中心，强调整个系统的最优化而不是子系统的最优化；

③以责任为中心，分配给每个管理人员一定的任务，而且要能衡

量其投入和产出；

④以人为中心，每个员工都被安排做具有挑战性的工作，并根据其业绩支付报酬。

二、班级系统管理的内容

在班级管理过程中，班级管理的各个方面是相互独立、相互联系的系统关系。一方面，每一项班级管理内容都有自己的侧重点，如学习管理侧重于各科文化知识和能力的掌握；德育管理则侧重于对学生的思想道德状况进行调控，引导他们掌握各种思想道德规范，并逐渐内化为个人的道德品质，外化为日常的行为习惯；体育管理则通过对学生加强常规性体育锻炼的指导，鼓励学生参加学校组织的各项体育锻炼活动，教给学生有关健康的知识，使学生的身心健康发展。另一方面，班级管理的各个方面又是相互联系的，我们在班级管理过程中不可顾此失彼，而应该整体对待，既要强调德育管理和学习管理，也要注意班级的体育管理、组织管理、班集体的建设，以及班级环境设计等。

因此，班级管理者在实施系统管理措施的过程中，首先应明确班级系统管理的主要内容，注意系统性的协调工作。

1. 德育及智育管理

德育及智育对学生其他方面的发展起着保证方向和提供动力的作用，又与其他教育有机结合，共同承担着对学生进行全方位的素质教育，培养社会主义建者和接班人的重任。班级，是对学生进行全面影响的综合教育实体，加强德育管理，切实有效地开展德育及智育工作，无疑是班级系统管理的重要组成部分。

2. 体育管理

加强体育管理，维护和促进学生身心健康，不断提高学生身心健康水平，是班级系统管理的一个重要方面。班级管理通过对学生加强常规性的体育锻炼指导，鼓励学生参加学校组织的各项体育锻炼活动，教给学生有关健康的知识，使学生的身心健康发展。

3. 班级活动管理

班级活动是指学校在课堂教学任务以外，有目的、有计划、有组织地对学生进行多种多样的教育活动。课外活动是课堂教学活动的延伸和发展，更是学生课堂学习的一种积极而有益的补充。课外活动，可以丰富学生的校园生活，培养学生的团队精神，拓展学生的知识领域，培养学生的创新能力。

4. 学习管理

学习管理主要对班级中学生的学习方面进行一定的管理，如配合并支持任课老师搞好学科的教学；组织好课外活动，促进学生知识的学习和智能的发展；加强学习的常规管理，养成学生良好的学习习惯；营造健康向上的班级文化，激发学生的学习主动性和创造性；有针对性地做好个别同学的思想工作，帮助每一个同学学好知识、发展智能等，从而引导学生掌握科学技术和社会文化的基础知识；掌握获取知识和研究问题、解决问题的一般方法和技能技巧；培养学生观察、记忆、想象、思维以及表达、搜集、整理数据资料的基本能力；检验学生在学习和其他活动中的动机、兴趣、情感、态度和意志。

除以上几个方面的内容之外，班级系统管理也涉及班级日常管理、班级组织管理、班级环境设计以及班集体的建设等方面的内容。

三、系统管理工作的实施

班级相对于学校而言，是学校这个大系统中的一个子系统，班级中又有许多子系统构成，例如班委会、队委会、团委会，还有以特长和兴趣组成的小组等，因此，为了全方位地、高效地管理好班级，必须根据系统论的基本原理和要求，不断地优化班级管理，从而更加高效地实现班级管理的目标。

1. 确立系统目标

在开展班级系统管理过程中，首先应确立班级这个系统的目标，了解班级系统在学校系统中的位置。在明确大的系统目标的前提下，制订切实可行的目标——班级整体目标。

2. 明确系统任务

在系统目标确立之后，班级管理者应对班级工作实行分层管理，明确总体目标和各子系统的任务。班级中各子系统根据各自的职权范围承担相应的工作，各子系统之间保持相互沟通，相互协调，各尽其职，各负其责。

3. 信息收集整理

在系统管理过程中，管理者应重视及时进行信息收集，建立班级档案。为了促使对系统中的每一个元素做到认真负责，了解全体的状态，必须认真做好记录。首先，要记好班级日志，对班级中发生的各种事件进行记载，不管是好事还是坏事，包括迟到、早退、旷课，作业的完成情况，参加公益活动情况等；其次，对收集的信息进行分析，并将有用的、重要的信息，分轻重缓急进行归类整理，交予不同层次的子系统进行处理。

4. 合理进行调控

在信息收集整理之后，班级管理者还应加强信息反馈，实现及时调控。信息就是具有实质性内容、有新的价值的消息。信息反馈就是控制部分把信息输送到受控部分，又把其作用及结果反馈回来，控制部分对反馈信息进行分析、综合、评价，再次发生影响，实现调控作用，达到预期的目的。运用这一原理于班级管理中，班主任和班委会根据学校和班级教育计划和管理目标、本班的实际情况，向班级发出指令性信息，全班的各班组织和每个学生将产生不同的反响，出现不同的结果，班主任和班委会通过班级档案等多种渠道及时分析反馈信息，然后对此进行分析研究，再次向全班发出信息，进行调控管理，达到整体的目标。

第七章 班级管理的主要方法

班级管理过程中，结合不同方法的理论与实践研究，班级管理者可以根据班级自身的特点，有针对性地采用不同的管理方法。由于每种管理方法都来源于实践，同时又在班级管理的实践中经受了考验，而在接受考验中为了立于不败之地，又不断地进行了自我完善，每种管理方法都会自觉地吸收其他方法中的先进之处来丰富自己的理论体系和操作技术。

因此，在应用不同的管理方法时，管理者应强化对每种方法之间的联系性及交叉性的研究，以使每种方法都能得到充分有效的利用。

第一节 强化思想教育

在班级管理中，强化思想教育的方法是实现班级管理目标的内在动力。思想教育是班级管理者经常运用的最主要的，也是最直接的管理方法。它是通过对一定的思想观念的宣传来激发人们的实现欲，使之成为行为的动力，从而积极为实现组织目标而奋斗的方法。思想教育方法的运用正在于启发被管理者的思想觉悟，使其认识到真理，并自觉地为实现班级管理的目标而奋斗。

一、思想教育的作用

1. 激励促进作用
强化思想教育的方法可以在最大程度上激发受教育者的工作热情。

没有学生积极参与的班级管理，各项任务的完成是根本不可能的。思想教育方法是调动学生的参与积极性，鼓励学生投入的重要手段。只要善于审时度势、因地制宜、因人制宜，恰当运用思想教育方法，充分发挥其激励作用，就可以统一学生的认识，把学生的满腔热情调动起来，并且引导到具体的工作中去。在具体的工作中若能将其与其他方法结合起来，所产生的效力将是无法估量的。

与此同时，思想教育方法还可强化或抑制人的行为。学生的行为符合培养方向，一旦受到合理的褒扬，就会给学生增添无穷的动力；学生的行为有悖于培养目标，一旦受到批评或惩罚，就会由于正确思想的作用而迅速停止，并很快转到符合培养方向的目标上来。

2. 核心保障作用

思想教育方法是班级管理者经常运用的最直接最主要的方法。这是由班级管理的实质所决定的。管理就是教育，一方面，管理的过程就是育人的过程，就是要使学生达到社会要求的规格。另一方面，学生存在着很大的差异性和可塑性。运用思想教育方法，关键在于影响学生的精神世界，使之形成科学的人生观、价值观和世界观，从而体现班级管理的目标要求。学生是受教育者，肯定会有错误的思想认识、不良的行为习惯，思想教育方法的意义正在于改变学生的错误认识，形成正确的积极的思想。其次，思想教育方法既可以面向全体进行管理，也可以面向个体进行管理；既可以面向整个过程进行管理，也可以针对某个问题进行管理。因而，思想教育方法是班级管理的最直接的最主要的方法。

此外，班级管理的任务广泛而且针对性强。具体包括对学生的思想品德教育、指导学生学好各科知识、关心学生身心健康、组织学生参加各种课外活动、创建优秀的班委会及团队等等。这些任务的完成必须从被管理者的思想入手，如品德培养是班级管理的核心内容和任务，是班级管理的目标之一。思想教育方法的广泛适用性正是解决这些问题的有效途径。另外，要提高班级管理效率，顺利完成班级管理任务，只有动员学生积极参与才能实现。

3. 协调凝聚作用

运用思想教育方法可以更好地协调人与人之间的关系。不可否认，在班级管理的过程中，由于年龄、知识、性格的不同，师生之间、同学之间在对具体问题的看法上往往存在着矛盾和差异。恰当运用思想教育方法，可以合理地化解矛盾、消除隔膜、缩小距离，进而达成共识、求同存异。同时，强化思想教育还可以更好地协调个人与班集体之间的关系。当个人利益与集体利益发生冲突时，运用思想教育方法，使个人能够自觉地服从班集体的选择，能够使班级的集体活动得到广大学生的积极支持，自觉参与。

此外，思想教育还具有团结凝聚的作用，团结是班级管理目标得以实现的保证。同学间如果没有沟通，就会产生误解，出现钩心斗角的现象。班集体犹如一盘散沙，缺乏理解、缺乏共识、互相攻击、互相扯皮，就会大大削弱战斗力，就会影响各项工作的开展。恰当运用思想教育方法，就会统一看法和认识，形成和谐的人际关系，产生强大的集体合力，让班级中的每一个人都能从中获取蓬勃向上的精神力量，让班级中的每一个人都能得到健康发展。

二、榜样示范，开展思想教育

榜样典型示范是以他人的高尚思想、模范行为和卓越成就来影响学生品德形成的方法。典型示范把道德观点和行为规范具体化、人格化了，形象而生动，具有极大的感染力、吸引力和鼓舞力，是学校进行德育的有效方法之一。

在班级管理中，榜样的作用是不可忽视的。中小学生都有积极向上的要求和获得荣誉的欲望，争先进、学先进的潜在需求是很强的。在运用这种形式时应注意以下几点：

一是要选好学习的榜样。可以用历史上的先进人物、战斗英雄来激励学生，也可以从现实生活中树立他们学习的榜样，尤其可以树立学生身边的榜样，用身边实实在在的人和事教育学生，让学生感到理想并不遥远，经过努力就可以达到。

二是要激起学生对榜样的敬慕之情。通过讲述他们的奋斗历程和成功事实，激励学生刻苦努力，向榜样看齐。

三是应鼓励见贤思齐，引导学生用榜样的鼓舞力量来调节个人行为，提高素质。

三、专题讨论，加强思想教育

在班级管理的过程中，定期组织班级成员开展专题讨论会，对强化思想教育，实现班级管理目标具有重要意义。专题讨论会是针对班内学生在思想、学习或生活等方面出现倾向性问题时，从进行自我教育的愿望出发而定期组织的一种班会活动形式。

1. 确定讨论专题

在实施思想教育过程中，专题是否合理，直接关系到讨论会的成败，因而班主任必须十分重视专题的确定。一般来说，只要是符合下列四个条件之一的专题，就是合理的专题：第一，紧扣当前国际国内的政治形势；第二，根据社会发展对人才的需要；第三，结合班级管理目标；第四，针对大多数学生的行为。

2. 会议的准备工作

专题的确定已经赢得了成功的一半，为了达到讨论会的预期目的，班级管理者应当提前做好四方面的工作：

首先，引导学生广泛搜集材料，每个人都尽量准备一份发言稿，也可以现场即兴发言。

其次，班级管理者要注意有目的地培养重点发言人，人数应不低于班内学生总数的五分之一为宜。

第三，班级管理者在讨论会的组织过程中，应不带任何偏见地选定讨论会主持人，注意结合性别的搭配，能力的互补，以及见解能够具有代表性的学生。

第四，班级管理者应随时指导主持人在讨论会进行中的程序环节。

3. 讨论会的反馈

效果是检验专题讨论会成功与否的标准，班级管理者要对讨论会的效果做出正确的评价，就要注意采用各种方式获取反馈信息。

首先，做会后班况观察。讨论会是否收到预期效果，从会后的班况中可以窥见一斑。例如，会前大家认识比较模糊，会后言行有无明显反差，通过观察、比较可以发现。

其次，有目的地进行个别谈话。性格、思想等处于不同类型的学生在见解上往往存在差异，有目的地采取平等的个别交谈，无疑可以了解到真实面貌。

此外，进行抽样调查。针对讨论会议题，从不同角度设计若干问题，让学生不留姓名地如实回答，进一步做出统计、分析，更便于掌握第一手资料。

一般情况下，只要专题讨论会不流于形式，并且做到一次围绕一个专题展开，讨论的深度和广度有保证，预期的效果应该是比较理想的。

第二节　合理给予奖励

奖励，作为一种积极的行为强化手段，教育者早已认识到了它的重要性，并经常用来改变学生的行为。班级管理中的奖励，有一个突出的特点是，它适用于所有的学生，而不只适用于问题学生。研究表明，学校里的每个学生，都需要恰当而充分的奖励，因为奖励可以满足学生的某种需要，从而激发起他们相应的动机。尽管大多数教育者认为奖励是一种简单易行的管理手段，但教育实践中，常常会误用它，于是造成了种种事与愿违的结果。

因此，在班级管理过程中，合理地给予学生适当的奖励，对管理工作的顺利开展具有很大的帮助。

一、奖励的概念

1. 奖励的定义

"奖励"，即赞许、鼓励，是"对学生或学生集体优良的思想言行给予肯定和表扬"。

以上定义基本上是从学生思想品德教育的角度来定义"奖励"的。根据我们本书对奖励功能的新的理解，我们认为，奖励是教育者对产生希望结果的行为的积极强化。现实中，如果某种行为导致了希望的结果，那么，人们就会重复这种行为。换言之，在很大程度上，行为是由其结果或预期结果所决定的。例如，一个顽皮的学生，假如能够通过随便回答问题的方式来吸引教师或其他同学的注意，那他就不会按照课堂的要求，举手去等待教师的提问；同样地，如果一位学生举手而没有得到教师的提问，那他以后就可能不再去遵守"举手"的规则了。

当然，教育实践中，教育者不总是能够正确地使用奖励这个纪律手段。或者说，奖励的内容不常是教育者所期望的行为，这也称为"奖励失当"。比如，学生中一些错误行为经常发生，这时，我们就可以断定，这种错误行为一定受到了不同程度的积极强化（或奖励）。奖励使用中，还有另一种失误，即"奖励疏漏"——对期望行为没有给予及时的奖励。

2. 奖励的意义

理论与实践都表明，班级中的奖励是学生行为塑造与改造极其重要的手段。从学生发展角度而言，奖励有利于学生人格与学业的全面发展。从奖励直接发挥作用的角度而言，至少有两方面的意义：

（1）动机与情感的激发

教育者的认同会促使学生做出希望的言行，并从学生内心激发起努力向上，认真学习的动机，同时会因教育者的认同而产生满足的情感体验。从这个意义上讲，奖励的确是一种外加的激励手段。以学习为例，班级如果有恰当的奖励制度，就会使学生在学习上有积极的动机，并十分欢喜地去努力学习。因为这样做学生可以达到获奖的目标，可以说明了这种情况。

当然，班级中的奖励要使用适当，否则会产生副作用。

（2）信息的传递

适当的奖励会使学生从教育者那里得到这样一个信息：某种行为是重要的，应该坚持；另一种行为是不重要的，不应该去坚持。这也就是说，奖励是对学生过去行为的一种反馈。在这种意义上说，奖励成了某种信息传递的手段。

二、奖励的要素

奖励，作为班级管理的方法之一，要在应用中取得成效，即对学生的发展起到积极的作用，必须考虑到下列诸要素：奖励的频率、奖励的时机、奖励的种类（或奖励的内容）和奖励的原则等。

1. 奖励的频率

在研究奖励的频率时，我们首先要对"行为获得"和"行为保持"

这两个概念作出解释与说明。通俗地说，行为获得是指新行为的学习过程，或外在的行为要求内化为学习者个体内在信念的过程；行为保持即某一行为习惯以后，如何持续下去的过程。行为获得与行为保持所需要的奖励频率会各不相同。以下将分别进行论述。

（1）行为获得

理论上说来，学生在学习一种新的行为时，教师应对学生每次所作的期望都给予奖励。也就是说，在行为获得过程中，奖励频率越大，学生的学习就越快。

（2）行为保持

当教师不再给某一学生以频繁的奖励，或者不再过多地去关注他时，他已获得的行为能够维持多久，这就是行为保持的问题。在班级生活中，学生最终应学会在没有教师的监督下，举止规范，言行适当。在行为获得以后，即在行为保持阶段，教师那种频繁的奖励已不再必要。这时，最好采取周期性的强化，而不是用100％的时间去强化。只有这样，才能使已经获得的行为不会遗忘。例如，一个经常害羞的学生，在获得大胆、不害羞的行为过程中，我们应给予100％的强化时间；一旦他敢于在众人面前大声说话时，就意味着他已经获得了一种新的行为，这时，奖励频率就应该降低。

那么，到底什么时候，教师应该从频繁的奖励转为周期性或间隔性奖励呢？现实中，许多教师往往以直觉的方式进行。而且，是以一种非连续的偶然方式来使用积极强化，这常常降低了奖励的效果。

2. 奖励的时机

班级教育中，奖励的时机非常重要。如果不能很好地把握奖励时机，奖励便难以收到预期的效果。实践也充分证明，掌握好奖励的时机，有助于学生创造性地学习，也有利于学生品行的健康发展。

一般说来，奖励要在学生做出某一良好行为之后去进行。某些教师往往在学生遵守一定的要求之前给予奖励。这样的做法实际上不是一种奖励，而是一种"诱惑"。诱惑与奖励是截然不同的两个概念。"诱惑"是用于产生道德上堕落的行为；"奖励"则是用于形成或强化社会认可的行为。另外，"诱惑"通常是在行为发生前给出的；"奖励"则是在行为发生后给出的。例如，某些教师常常在学生完成一定难度或枯燥的作业之前做大量的激励性工作，其实，这是不合适的。因为学生一旦接受了一定的奖励之后，便很难去积极努力，完成作业了。这时的奖励实际上已经失去了激励作用了。这也就是我们通常看到的为什么在人们的劳动后再给予一定报酬的原因。

那么，奖励应在一定的期望行为发生后多长时间内给出呢？一般说来，对那些极其活泼好动和常常出现不适当行为的学生，奖励要在其期望行为发生后及时进行，而一旦学生能够较充分地控制自己的行为，那就可以适当延长期望行为发生后奖励给出的时间；对那些自尊心强，自信心不足，学习上有一定困难的学生，延迟奖励的时间更要短一些。例如，一个在阅读上有较大困难的学生，教师切记要抓住任何一个时机进行及时的奖励。

把握奖励时机时还要做到，奖励要使学生感到惊喜，而不只是让他们知道自己行为之后便有奖励，即把奖励作为唯一追求的目标。长期下去，会使学生失去学习与行为的内在动机。

3. 奖励的原则

在班级管理过程中，管理者要合理地给予奖励，起到真正的激励作用，应注意遵循一些基本的奖励原则。

（1）鼓励而非赞美的原则

好心的教师常常以赞美的语言来影响学生的行为。如："你做得很好！"或"你是一个优秀的学生！"尽管这些赞美的语言是出于好意，但却是一种判断，一种操纵，会极大地影响到学生的自我感觉。可见，在实施班级的奖励时，要坚持鼓励而非赞美的原则。

有这样一个关于赞美与鼓励方式的对比表：

赞美与鼓励的不同形式

赞美的方式	鼓励的方式
你是一个优秀的学生。	你实际上很喜欢学习。你的能力在不断发展。你的所有努力都有收获。
你对我是一个很大的帮助。	谢谢你对我的帮助，这会使我们的工作更加顺利。
你写的文章是全班最好的。	很显然，你在写作技巧上一定花了很大的功夫。

理论与实践都证明，鼓励与赞美相比较，更能使学生形成良好的自我感觉，能使他们认识到对周围人作出贡献是应该的，也能够培养出学生的合作精神和集体观念。所以，在班级纪律中实施奖励时，一定要贯彻鼓励而非赞美的原则。

（2）首次奖励原则

奖励要使学生感到惊喜，就要求教育者紧紧抓住首次奖励的机会。例如，有一名同学以前一直爱在课堂上打闹，但偶然一次，他表现很好，而且能说服其他同学遵守课堂纪律。教师一定要抓住这个机会，给予强化。实践证明，如果能很好地抓住首次奖励的机会，就能顺利地塑造学生的一种良好行为，否则会影响学生上进的积极性。

三、奖励的种类

调查发现，许多学生，当他们到高年级时，往往对学校、班级有一种不满足感，深深地感觉到学校生活变得枯燥乏味，学习成了一种义务，班级中既无外在的奖励，学生也缺乏内在的动力。大部分学生虽然能完成学业目标，但学习成了一件苦差事。尽管许多学生可以获得各种基本知识和基本技能，但学习中没有愉快的体验，因而并不认为学习是一种快乐的享受。以阅读为例，许多学生尽管掌握了一定的阅读技巧，但因在阅读过程中缺乏愉快的体验，因而很难做到"享受阅读"。这也往往会影响到学生的课外和校外阅读兴趣。我们并不主张"开玩笑"的教育，但研究却表明：学生在入学前，对学习的兴奋感可以通过恰当的奖励而得以保持。毋庸置疑，对学生而言，学习是一项艰苦的劳动，但问题是，我们的教育应将这项艰苦的劳动在有效的组织和恰当的方法中变得令人激动，并使学生产生满意的体验。其中适当的奖励便是一种有效的方法和途径。

那么，如何采取各种奖励来"启动"学生的良好行为呢？奖励的种类又有哪些呢？

1. 有形奖励

教育学家和心理学家们的研究认为，有形的奖励包括：糖果、爆米花、笛子、气球、星、得分、对号（√）、钱，等等。

有形奖励之所以必要，是因为学生对它们感兴趣，并对此有一定的需要。另外，有一种情况是，假如学生的早期经验中对权威人物（如父母）有一种不愉快的记忆（如恐惧、厌恶等），那就会影响到他们对教师要求的服从程度。有时，他们会对教师的管理行为产生逆反与厌恶的反应，这时就非常需要用有形的奖励来调整学生的言行。所以，教育者也不能忽视有形奖励的作用。实践中，有许多社会期望的行为可以通过有形奖励来习得和维持。特别是在中小学和幼儿园中，有形奖励在学生行为的改变中，有时会起到不可替代的重要作用。

有形奖励及其适用范围

有形奖励的种类	大致适用范围
气球	幼儿园、小学
星、小红旗	幼儿园、小学
动物图片的橡皮印章	幼儿园、小学
标签	幼儿园、小学
绶带	幼儿园、小学
葡萄干、爆米花、苹果	幼儿园、小学
购物袋	幼儿园、小学
游泳帽	幼儿园、小学、中学
铅笔、钢笔、书签等	幼儿园、小学、中学
各类杂志	幼儿园、小学、中学
音乐磁带、耳机	幼儿园、小学、中学
体育馆门票	中学
游泳票	中学
分数	幼儿园、小学、中学
对号（√）	幼儿园、小学、中学
父母给的零花钱	幼儿园、小学、中学
⋮	

从上表，我们可以发现．班级教育中有许多有形奖励可供利用，但不外乎物质奖励和符号标志两大类。那么，有形奖励的使用，是否会带来一些麻烦？如学生过分依赖于有形奖励，以至于成了有形奖励的"奴隶"。我们的答案是：只要正确恰当地使用有形奖励，这种情况是不会发生的。因为：①教师可以有意识地在一定范围内逐渐加强奖励的价值，以此来满足学生对有形奖励的需要。②教师可以主动配合利用其他形式的奖励。③充分利用学生在有形奖励之后习得的新行为对其自身的激励作用。例如，阅读有困难的学生会从自己一次成功的阅读中得到满足，并倍受鼓舞；害羞的学生会因一次与伙伴的成功合作

而增强其自信心和社会适应性。④调动家庭与社会的辅助作用，保证有形奖励顺利而有效地进行。

总而言之，班级管理中的有形奖励是不可忽视的。它有着自身独特的价值。

2. 社会奖励

班级管理中，社会奖励往往是教师常用的重要强化手段。社会奖励主要指人际关系而言的。典型的社会奖励包括微笑、眨眼示意、口头和文字表扬、身体接触、认同、关心和注意等。研究表明，各种社会奖励十分有助于学生行为的塑造与矫正。然而，教师的热情必须在恰当的时间和场合下，针对一定的行为使用，方可有效。如果不加区分地使用社会奖励这一手段，往往不容易产生教师所期望的行为效果。

3. 活动奖励

班级管理中，活动也可作为一种奖励手段。教师可以通过询问、观察等方法来确定哪些活动可作为奖励手段。用于奖励的活动一旦确定，教师就可以充分利用这些活动的激励作用，发挥其有效的教育功能。例如，某位学生特别不愿意完成数学作业，但却不失时机地摆弄电子装置。那么，"摆弄电子装置"对于这个学生来说，便是一种奖励活动。这时，教师可以与这位学生达成协议：当完成数学作业后，他便可以得到专门的时间去摆弄电子装置。一开始这样做时，可以将学生不喜欢的活动和喜欢的活动一前一后相继安排，以后便可形成习惯。当这种做法生效以后，可以将作为奖励的活动安排到学校放学之前的一段时间内进行。

四、有效运用评语激励

"评语"即评论性语言，"评"有判定人或事物的优劣、是非等意思。教师给学生下评语，就是针对学生一定时间段以来的学习、生活、为人等方面的思想和行为等表现作出终结性评价。这一评价不仅要能帮助学生总结过去，更要能使学生产生新的动机，调动积极性。因此，评语就要有指导、激励学生的教育功能，更要有合理奖励的管理功效，这就是"评语激励"。评语激励是一种新型的评价学生行为习惯、道德品质、学业成绩的手段、方式，在全面评价学生、肯定学生进步、激励学生不断进取方面，有显著的教育效果，它是建立在学生渴望得到肯定的心理需要基础上，再从"医治"学生的精神入手，通过激励而不是压迫来让学生正确认识自己，发现自己的潜能，从而振奋精神，树立起积极向上的人生观、世界观。

首先，在班级管理过程中，有效运用评语激励这一方式对学生进行奖励就要有针对性地采取措施。每个学生都有自己的特点，他们的需要、个性、期望、目标以及学习程度、思想特点等各不相同，且不断发展变化，同样的"缺点"或"不足"，"优点"或"长处"往往是由不同的原因造成的。这样就要求教师在给学生评语时要找准切入点，"对症下药"才具有更大的奖励作用；必须了解学生的各种思想动态，根据学生的年龄和心理特征，针对每一个学生的不同实际情况和问题，采用多把尺子衡量的方法，精心设计激励性评语，把学生推向一个新的层次。

此外，教师在对成长中的学生的行为进行引导时，就要借助评语的各种激励方式，减少对学生的遏制力，增强驱动力，促进学生健康发展。教师要通过评语的激励来强化学生的"闪光点"，即淡化学生的缺点，强化学生的优点，从而调动学生的积极性和创造性，激发学生的自信心和进取意识。同时，用激励去强化学生削弱、改正一些不良行为。

第三节　适当进行惩罚

班级管理中的惩罚法是指对学生在实现班级管理目标中的不良动机和问题行为进行处罚和制止的教育管理方法。而教育上的"良性惩罚"是一种以爱作基础，以学生生理和心理特点为底线，以法律法规作准绳，以更好地帮助受教育者健康发展、有效地遏止不良行为的蔓延为目标，与"赏识"相一致的一种教育方式。

学生学习不努力，行为表现不良，适当采取惩罚，施加压力，逼迫其用功，表现良好，实为激励的另一种方式。

一、惩罚的概述

1. 惩罚的定义

关于学校教育意义上的惩罚，其定义、性质、目的与效果等问题，几乎没有一致的看法。关于惩罚的定义，既有广泛的实验研究基础，又有现实情境下的例证。但我们认为，班级纪律中的惩罚，既不同于刑法意义上的惩罚，也不同于宗教神学意义上的惩罚。它是教育者或教育者集体有意识决定的结果，是对学生个体或团体施加的行为的负强化，是促使学生从自己所犯错误中习得自身健康成长的经验的过程。

2. 惩罚的目的

班级纪律中惩罚的目的，虽然与其他领域中的惩罚有一定的相同之处，但仍然具有自身的独特之处。

首先，班级中的惩罚是企图通过制止不良行为或鼓励理想行为，使学生立即改正自己的错误行为。例如，教师的训话或晚放学等都是从这一目的出发所采取的惩罚手段。

其次，班级中惩罚的直接目的体现为阻止或矫正不良行为的产生或重犯，但从客观上也起到了团体的威胁作用。一般认为，惩罚的威胁效果与其严厉性成正比。即惩罚越严厉，威胁效果越好；否则，其效果不够明显。之所以用惩罚作为威胁手段，是因为仅用惩罚的警告并不能完全防止问题行为的产生，这时，为了"杀一儆百"就可以正式实施惩罚手段。例如，小学生上课的第一天，有的教师就当众训斥一位犯错误的学生，以此来警告全班学生：如果他们以后有类似的不良行为，也将受到同样的惩罚。

同时，从班级组织的角度而言，惩罚的目的是保证班级教育教学目标的实现，以防班级缺乏系统管理而影响教育活动的正常进行。

学校教育意义上的惩罚，其目的与效果，确是一个较为复杂的问题，需要作进一步认真的研究。但有一点是明确的，即班级中的惩罚效果依赖于各种因素；恰当的惩罚会收到良好的行为矫正效果；教育者既不能滥用惩罚，也不能一味拒斥惩罚这一纪律手段。

二、惩罚应遵循的原则

1. 态度要正确

惩罚是教育的一种辅助手段，其目的是教育学生，因此，惩罚过程中要避免人身攻击，强度要适当，切不可实施体罚和心罚。首先，我们要明确我们所面对的是学生，对他们进行的"惩罚"，只是在取得学生自己认同的前提下，所采取的帮助他们增强自律能力和责任意识的一种方式。其次，我们要充分尊重学生的权利，不得伤害肉体和心灵。最后，教师要随时调整好自己的情绪，与学生交流时要态度温和，切不可感情用事。

2. 要有时效性

惩罚要在学生违规后立即实施，时过境迁，效果就会大打折扣。

犯了错误一定要进行惩罚，对于学生的错误，无论是故意的，还是无意的，都应惩罚，因为结果是一样的。这有利于培养学生承担错误的勇气和责任心，以免学生养成侥幸心理，其他学生产生执法不严的认识，使惩罚失去其应有的威慑和教育作用。

3. 要有法可依

有法可依是实施良性惩罚的前提。对学生实施惩罚，重要的是让学生知道"对"和"错"，以及惩罚的标准，要先有规矩，后有惩罚。为此，班级要形成自己的"班级法规"，而这种班级"立法"的过程本身就是教育的过程。首先，学生对班级现状和"立法"的必要性要有深刻认识。其次，对班级"立法"的条款、措施以及依据和内涵理解得更透彻。再次，由自己亲自参与制定，自律意识和责任意识会更强。

4. 要加强沟通

在惩罚学生之前，教师首先要进行全面深入的调查，了解事实真相。惩罚后要及时进行沟通，即实施惩罚的"善后"工作。从心理学角度分析，学生受到惩罚后，有时会产生消极情绪，会害怕得不到老师和同学们的信任，会消沉下去，甚至产生逆反心理。此时，教师及时与学生进行沟通，学生会因教师的关怀和鼓励而感动，改进起来自然会快些，效果会好些，更不会发生一些因抵触而产生的不良事件。

5. 要形成群体氛围

"法"是学生的"法"，"罚"是学生自我教育的"罚"。因此，教师切不可掺杂个人的情感因素，更不可"越俎代庖"，要充分发挥学生的群体力量，形成群体氛围，即良好的班风。

三、适当惩罚的积极意义

惩罚这种管理方法，在抑制学生不期望行为中确实存在着优势之处。

1. 即刻见效

对于一些破坏性言行，惩罚，特别是痛苦型惩罚和部分挫折型惩罚，其效果较为明显。也就是说，惩罚效果可以在实施后即刻见到。例如，对学生的某些危险性行为，包括摆弄电闸、打架、在马路上乱跑、自我伤害等，惩罚的即刻性效果更为显著。

2. 不必消除所有的强化因素

我们知道，导致不良行为可能有许多强化因素。而惩罚的使用，不必一定去消除所有这些强化因素，便可在一定程度上抑制某种不良行为。这一优点，在教育实践中尤为重要，因为教育过程要控制所有强化因素是一件十分困难，甚至是不太可能的事情。再者，要全部消除对不良行为有强化作用的因素，那更是十分困难之事。例如，家庭、社会等因素对学生行为的不良影响，有时很难在班级中得到控制，这时也就有必要合理地使用惩罚的手段。当然，我们并不是忽视家庭、学校、社会在学生教育中作用一致性的重大意义。

3. 行为的完全抑制

适当的惩罚可以将某种行为的出现频率降至适当水平，乃至零点。一旦惩罚使某种行为产生了完全抑制，那么今后就很难使这一被惩罚的行为重现。当然，惩罚只会对某些行为产生完全抑制，而不是说惩罚可以对所有行为产生完全抑制。教育中所谓"屡教不改"的实例便是这样一种情况。抑制不期望行为的另一种途径是对与不期望行为不相容的行为加以强化，当然，这样做只是在惩罚难以塑造新行为的情况下才适合。也就是说，在惩罚无效或效果不明显时才使用。教育实践中，也有从教育机制角度使用这种方法的，而且效果很好。我们认为，最恰当，最为有效的做法应该是：在强化期望行为的同时，去惩罚不期望的行为。

四、惩罚与奖励结合应用

班级管理理论研究与实践都表明，惩罚与奖励的结合使用，比单独使用惩罚更有效，而且可以防止被惩罚行为的再度出现。其基本原理是：暂时搁置学生的不良行为，我们可以利用适当的奖励或榜样示范来建立更为积极的可接受的行为。也就是说，我们一方面要抑制不良行为，但也应给出充分的机会去让良好行为取代那种不良行为。那种认为只有当良好行为牢固树立后，教师方可撤去惩罚的观点是错误的。

实践中，使惩罚与奖励结合起来的一个重要方法是采用"复原"。这是教师常用的一种技术。一定的行为被抑制，就得有另一种行为去替代。例如，某一学生咬了他同伴的手指，教师在处理这一事件时，一方面要让这位学生真诚地向受害的同学致歉，但另一方面也要注意保护这位学生的自尊心。这种在保护学生自尊心前提下的道歉便是巧妙地将惩罚与奖励结合起来的典型例子。

与此同时，教师要有宽广的胸怀，充分的爱心，去接纳学生那些在本质上与被惩罚行为相关，乃至相似的，但却可以为周围人所容许的行为。打别人要受到惩罚，但在一定环境的过度自信甚至武断倒可以受到奖励。例如，学生可能因为在游戏场上的攻击性行为而受到惩罚，但在足球比赛中，学生表现出的果敢行为，却应受到表扬和奖励。相似地，学生在数学课上玩耍受到惩罚，但在课余活动时积极参加活动却要受到鼓励或表扬。这种有选择的强化非常有利于学生明辨其行为在何种环境下合适，何种环境不合适。而且，也有利于教师真正掌握惩罚与奖励的准确时机与场合。

第四节　构建良好的师生关系

在班级管理中，既体现着学校管理的整体水平，又表现出班主任作为具体班级管理者的个人素养与管理能力。班主任只有热爱学生，尊重学生，与学生打成一片，乐与学生交朋友，才能取得班内学生的拥戴与支持。

因此，为了让学生学得轻松、有效而快乐，让学生始终保持对教育的渴望，始终保持对学习的兴趣，良好的师生关系是至关重要的。

一、影响师生关系的因素

班级管理工作中，良好的师生关系需要教师和学生们的共同努力，需要教师和学生之间的相互理解和支持，需要师生之间的沟通与对话。因此，严格地讲影响师生关系的因素必须从教师和学生两个方面来考察。

1. 学生的向师心理

学生的向师心理是"学生感"的一种体现，是学生特有的基本心理特征之一。作为"受教育者"，学生的角色心理明确表现为承担着"学习"这一主要任务，由于他们身处学校教育的特殊环境，自然使他们产生了相应的责任感、荣誉感和义务感等情感体验，同时领悟到，必须自觉遵守学校的规章制度，听老师的话，服从班主任的安排与领导。这种从幼儿园起就产生的对教师的特殊情感是学生的一种"自然"的心理倾向。这种视教师为长辈，视教师为"先生"，视教师为当然的指挥者和管理者的心态，就是向师心理。

应当指出的是，随着学生年龄的增长，独立性便会相对增强，其向师心理的程度也会随之而发生变化。这不仅仅是一种单纯的量变过程，有时也会出现质的变化。它取决于教师在教育实践中能否真正履行教师的职责，是否真心热爱学生，在学识和行为方面能否起到示范作用。它直接关系到学生向师心理的强度，如果教师不能很好地做到上述几点，那么学生的"向师性"就会逐渐淡化，甚至在某些地方或某些教师身上消失。

2. 教师的素质

教师的专业知识、专业技能和专业态度是构成教师专业素质的主要内容，它的发展水平不仅决定着教师专业发展水平的高低，而且也影响着良好师生关系的形成。

首先，作为专业性人员，教师的专业知识包括普通文化知识、所教学科知识、教育学科知识。

其次，教师的专业技能包括教学能力及教学技巧。教师的教学能力是指教师的教学设计、实施、学业检查评价能力。教师能依据课程标准的基本要求，确定教学目标，积极利用现代教育技术，选择利用校内外学习资源，设计教学方案，使之适合于学生的经验、兴趣、知识水平、理解能力和其他能力；善于与学生共同创造学习环境，为学生提供讨论、质疑、探究、合作、交流的机会；引导学生创新与实践；能够通过教学过程中收集资料，运用各种评价方法，了解学生的学习情况，利用评价引导学生和谐、健康发展。教师的教学技巧包括导入技巧、强化技巧、刺激技巧、发问技巧、分组活动技巧、沟通技巧、补救技巧、结束技巧等，教学技巧的功能在于引导学生更加有效地进行学习活动，提高教学的效果。

此外，教师的专业态度就是教师对自己所从事的教师专业的认识、理解和肯定或否定的情感。比心理学上所指的倾向性，如愿意、喜欢、向往的态度有更深的含义和更高的境界，可以包括基于对所从事专业的价值、意义深刻理解的基础上，形成的专业信念，如热爱学生，为教育事业奋斗不息的精神等。

二、良好师生关系的作用

班级管理工作中，良好的师生关系要求老师既要尊重学生的人格，热爱学生，全心全意为学生服务；又要教书育人，在尊重学生学习自主性与主动性的同时尽量严格要求学生。把尊重学生与严格要求学生辩证地统一起来，做到师生彼此之间既是良师，又是益友，进而形成爱生尊师、心理相容、教学相长、民主平等的社会主义新型师生关系。这也是成功的班主任所必备的师生观。

1. 有利于班内情况的掌握

班级管理贵在及时掌握信息，对班内情况了如指掌。只有及时掌握信息，才能及时获取第一手材料，对指导班级工作具有较强的现实意义。"信息"是班内学生活动的晴雨表，包括显性和隐性两类：显性信息是指通过对班内活动、语言表达、行为表现等外显性情形的观察而获取的信息材料；隐性信息则反映学生心灵深处的呼声，单凭观察是得不到的，要靠班主任用自己的爱心去打开学生"心灵的窗户"，要靠对显性信息的分析、判断和推理找出其"思想的火花"。及时掌握信息就是把这两种信息结合起来考察，去伪存真，去粗取精，进而找出符合客观实际的新情况、新问题。

2. 有助于及时解决问题

掌握信息只是发现问题和明确问题，而解决问题才是班级工作的关键。班级工作千头万绪，要做到忙而不乱，处事果断，就必须养成及时解决问题的作风与品格，而不是问题成堆才去解决。及时解决问题不是盲目表态，支持什么，反对什么，而是循循善诱和谆谆教诲，让学生自己去悟清道理、克服缺点、改正错误，使班级永葆朝气和活力。

3. 有益于及时发现典型

典型是同类事物的代表。及时发现典型，最关键的在于选择，也就是弄清什么样的是典型。典型有各种各样，作为班主任必须心中有问题，才能根据你所要解决的问题，去寻找最能解决这个问题或说明这个问题的典型。比如，你要解决班级学习成绩整体提高的问题，你首先必须找出一个或几个学习成绩优秀，学习方法适用，且具有代表性的学生作为好的典型。再取中间的和落后的典型各若干个，供大家借鉴。通过对三类典型的解剖，我们就可以了解全班学生的学习情况和存在的问题，进而有效地指导全班的学习再上一个新的台阶。

三、学生期望中的教师类型

1. 德才兼备型

中国自古重视师德，孔子曾说："桃李不言，下自成蹊。"明确地告诉我们，教师教育学生做人，自己就得会做人，而且得做给学生看。"经师易得，人师难求"表达了一代代人对"人师"的仰慕和渴求。试想一想，如果一个教师自己经常迟到，并且还旷课，而对学生的偶尔迟到则不依不饶，学生会怎么样想呢？

当然教师的学识也是非常重要的，学识渊博，并且有自己的"绝活"，容易赢得学生的喜爱。一个数学教师如果学生没有什么题目能难倒他，学生对他会佩服得五体投地；反之，如果经常出错，或者做不出学生提出的问题，学生怎么会景仰他呢？语文教师如果写作水平上乘，可以同学生一道写，一起比一比，如果能经常在报刊杂志上发表文章，不妨拿来与学生共享，学生跟这样的老师学习则更有信心，更有激情；英语教师如果能说一口流利标准的英语，学生则会肃然起敬；如此不胜枚举。

2. 热情民主型

对教师而言，热忱如同水对于鱼那样不可缺少，教师的热情可以点燃学生的热情。生理学研究发现人类先有情绪中枢，再慢慢发展出思维中枢，情绪具有干扰思维的强大功能，所以思维往往难以抗衡情感。因此，学生只有对教育活动产生热情，才会有对教育活动更加投入；只有对教师产生尊敬、好感等正面的情感，才能接受教师所施加的教育影响。教师需要通过各种教育技巧唤起学生的情感，再进行逻辑层面的教学才会产生相应的思维热情。

与此同时，调查表明，在教师的诸多类型中学生喜欢民主型的教师，因为这样的教师可以让学生彻底地消除恐惧感、压抑感，能够让学生感到轻松愉快，感到自由自在。

3. 宽容大度型

中国有一句古话叫做："宰相肚里好撑船。"指的是大官有宽阔的胸怀，有巨大的肚量和宽容心。对学生的理解是建立在对学生尊重和信任的基础上的，教师在批评学生时，如果只从现象出发，只从自己的感受出发往往就会犯错误。

四、尊重教育，促进良好师生关系

在班级管理过程中，班级管理者注重开展尊重教育，从学生自身角度出发去理解学生的心理及行为活动，切实做到尊重学生，对学生的发展以及良好师生关系的形成具有重要意义。

首先，对学生的尊重会引发赞赏，对学生的蔑视会导致责难。赞赏可以增强学生的自信，责难则导致学生自卑。赞赏让师生之间相互欣赏，责难让师生之间相互抵触。美国心理学家罗杰斯认为："在那些能有效地促进学生学习的教师身上，还突出地表现出另一种行为，我把这看做是赞赏学生：赞赏学生的观点，赞赏学生的感情，赞赏学生的个性，都是对学生的一种关心，但不是一种施舍式的关心，这种关心把每个学生当成独立的个人，承认每个学生的特有价值。"

其次，师生间相互尊重，尤其是教师对学生的尊重，会让学生提高对自己的定位，让学生学习着像成人一样尊重他人（包括尊重教师），还会提高学生的自觉性程度，它会激励学生学习着像成人一样主动、积极地计划、安排自己的学习，提高学习的主动性，增强学习的动力，变任务性学习为自发性学习。同时，教师对学生的尊重可以增强学生的责任感，激励学生像成人一样担负起责任，自己的事自己做，并可以培养学生的民主意识，成为未来社会负责任的公民。

第八章　班级管理与学生的行为自律

第一节　班级管理的最高宗旨

班级管理就其积极的功能而言，不仅有利于学生人格的发展，也有利于学生学业的发展。然而，就班级管理的直接效果而言，主要是对学生行为的指导、矫正和对班级环境的控制。可以肯定地说，上面各章所介绍的管理手段，在很大程度上超越于简单的压制与体罚，因而使班级管理人文化、情感化。然而，无论何种班级管理形式，其最高宗旨是养成自律的人。每位学生学会了自律，方可保持良好的课堂纪律，否则，单靠教师一个人的控制与约束，那都是无济于事的，或者不能真正养成良好的班级纪律。

一、他律与自律

班级管理除了完成对班级秩序的直接控制以外，更重要的是促进学生的整个人格从过度的他律向自律方向发展。当然，在完成这个过程时，我们必须遵守学生发展的阶段性。例如，前运算阶段的学生在守恒任务中不能考虑两个次因一样，他们也不能审查与别人各方面的相互关系。在和学生的交谈中明显看到前运算阶段的学生经常是"自我中心"的，从他们自己的观点出发考虑每一件事。

一般说来，他律人格表现为，对成人硬性规定的规则，采取盲目服从的态度。或者说，在教育活动中，学生的他律性表现为，要有良好的纪律，令人期望的行为，必须在教师或同伴的严格监督之下，否则，一旦教师不在，或没有同伴的约束，这些学生就会重犯先前的不良行为，或没有良好的纪律表现。

而有自律人格的学生，无论教师是否在场，无论同伴是否对其加以约束，他们都能自觉地遵守班级纪律，有良好的行为表现，或者即使违背了班级纪律，即使在人格和学业上有不同程度的不适应，都能自己主动克服，主动调整，主动适应。这也就是我们所说的学生的自治、自理、自立等能力。

培养学生的自律人格，促使学生从他律转向自律，这是学校纪律，班级管理的最高宗旨，也是整个教育的目的与归宿。当然，在这个过程中，必须遵守学生身心发展的一般规律。使教育活动有更强的针对性与目的性，也只有这样，才能使班级管理更为有效。

二、班级管理不是对学生人格的操纵

在实施班级管理时，尽管教师要对此精心策划，而且都希望达到既定目的，但有一点，在这里我们必须明确，即任何纪律形式都不应该成为对学生人格的操纵，而应是学生健康成长的促进与保证。教师或家长更不应该把自己视为"操纵者"，把学生视为"被操纵者"。

所谓操纵者是一个运用、利用或控制自我及他人，并把被操纵者视为"物"而不视为"人"的人。

班级中无论哪位学生，他们首先都是"人"。他们成为"学生"，并不意味着就该受到教师的控制，"学生"只是他们许多角色之一。

然而，许多教师有意或无意地将他们的学生视为"物"，视为他们控制下的牺牲品。正因为如此，有的教师往往不尊重学生的人格，不懂得每个学生的性格差异性，提出统一的要求，抹杀他们的创造性与

主动精神，这样，长期下去，学生便会惊惶地逃避老师。每当他们站在老师面前，就像犯人站在警察面前一样。更严重的后果是，这样下去，学生甚至在校内乃至校外的任何场合都无法展现自信的面貌。

于是，针对教师的种种控制，学生们变得"逆反"了。有的学生出之以嘲笑、捣蛋，提一些荒谬的问题拆老师的台；有的学生在背后扮鬼脸；有的学生给老师起绰号等等。更为有害的是，受操纵的学生往往在人格上发生不正常的变化，严重的引起人格障碍。比如，虚假、孤独、封闭、不信赖，缺乏信心等。

"纪律"这个词在学生心理学或教育心理学中往往容易引起误解，即以为"纪律"就是一种对学生的控制，是对学生自由和尊严的约束与贬损。其实，我们应仔细分析一下"纪律"这个范畴。纪律约略可归为两大范畴：一个是"行动中心"的控制术；另一个是学生内在的、自我强化的约束。前者即通常意义上的"他律"；后者是我们所悉知的"自律"。从"自律"中，学生把某些价值内在化，成为指导他学习与生活的原则。"他律"虽然是一种具有"操纵"外形的纪律手段，但重要的是看它的最终目的是否为了促进学生的"自律"。班级纪律时刻应记着这一宗旨，否则将会给学生的学业与人格带来灾难。

现实中，许多教师有意无意地犯了操纵或企图操纵学生的错误，其基本原因即教师丧失了对学生人格的尊重。

三、注重有效的管理手段

教师要想克服自己对学生施以操纵的倾向，必须在面对学生的"发问"时，做到下列几点：

1. 多花时间去倾听学生的意见

在教学或讨论中，教师往往缺少更多的耐心去倾听每位学生的意见，更不会去猜想他们下一句将如何发问。教师只是忙于自我表达，于是，教学没有或缺乏讨论，变成教师的"满堂灌"或"独白"。

2. 一个问题往往不只有一个答案

现代社会往往有一个倾向，即专家崇尚。在这种倾向下，往往认为一个问题必须有一个正确的标准答案。教育中，这种倾向也随处可见。学生一入小学便面临着教师的权威，各种考试都有标准答案。标准答案成了评分的唯一依据，这实际上限制了学生的思考能力。语言学家称这种现象为"完全沟通的谬误"。当学生经常不断地从老师那里获得所谓的"正确答案"，逐渐地会将那些东西视为"常识"，不再独立思考，因而使学生失去了自己独立解决难题和触发新知的机会。

教师要避操纵之嫌，就应该首先转变一个观念：一个问题往往不只有一个正确答案。只要学生自圆其说，有道理、有逻辑，在自己的命题前提下，用自己设计的方法解决了自己遇到的问题，那就该得到教师的许可。教师不应以真理的化身，全部知识的代理人自居；否则仍然是对学生独立性与自主创造性的操纵。

3. 用旁敲侧击的方式引发学生思考

在一个专业化的领域中，依赖专家固然重要，但对那些年轻学生而言，过分容易地从教师那里得到答案也意味着过早地停止了他的独立思考。因此，要有利于学生的发展，教师不能只从专业态度出发，立即给出正确答案，而应采取旁敲侧击的方式，启发他们自己思考、探索，进而自己去发现问题，解决问题。

4. 有时问题的答案并不一定那么重要

一位小学生有一次向老师问道："雷声是怎么发生的？"老师告诉他："闪电互击造成雷声。"但这位学生却争辩道："我爸爸告诉我是飞机的引擎推动造成了雷声。"对于这种情况，老师往往会以斥责的态度对待学生，或告诉他父亲的看法是错误的。但一位开明的老师却会追问他："你为什么会有这种想法？"因为其中可能藏有某个有趣的话题。

如果能答许这位小学生把这些内容说完，也许对班上或整个上课情绪都有帮助。其中更重要的是没有抑制这位学生的独立思维倾向和丰富的想象。

像这样的情况，学生的发问并不意味着要寻找答案，而是要求有所拓展。教师如果一开始就用答案阻止了问题，那新的讨论永远无法产生。当然，并不是说任凭这类问题来扰乱全部课堂，有时，从课堂的需要出发，这类问题必须加以中止。关键要做到"中止"而不永远抑制学生的这种自由探索与想象的能力。

第二节　培养学生自我管理的技能

教师，或行为矫正者，其主要任务之一就是减轻学生对成人的依赖程度。一方面自律是班级管理的最高宗旨；另一方面，有较强自我管理技能的学生会更加有效地学习，即使父母或老师不在场时。下面就如何培养学生的自我管理能力作一简要的探讨。

一、IGM 计划

"IGM 计划"是克劳斯梅尔（Clausmeier）等人创立的一种强调学生小组讨论在促进学生自律的亲社会行为中的作用。其基本过程"动机——教学"原理。该计划中译名为"个别指导动机计划"（Individual Guided Motivation Program）。IGM 是中小学教育中所谓的"个别指导教育"（IGE）大计划中的一个组成部分。

该计划的核心是要通过动机原理的应用来克服学生的纪律问题。小组会议是其基本手段。最终促进学生掌握良好的行为自律技能，即更多地依靠自己，而不是成人或其他权威人物。这一计划的目标制订、过程实施及其评价，都要求学生亲自参与。IGM 计划也是教师教会学生自律的一种有效方法。

在帮助学生形成自我管理技能的过程中，教师要认真考虑下列几方面的问题：

1. 当学生完成作业，并自己感到有资格去从事特殊活动时，教师要允许他们休息或去进行特定的活动。

2. 善于利用各种个别化的教学方法，如合同法。

3. 让学生参与学校和班级行为规则的制订。

4. 教会每个学生对自己问题行为的自我约束方法。

5. 指点学生要选择好时机，只进行 1 次，避免"重复综合征"。即经常唠叨并不会起到积极作用，反而强化了学生的不期望行为。

6. 鼓励学生自己准备教学材料，自己使用电教设备，并在使用后放置完好。当然更要鼓励学生自己组织小组讨论，互相帮助，并在必要时自己去寻求教师的帮助。

无论教师采取何种纪律手段，但必须有利于学生自我管理技能的形成。这不是一个自动的过程，需要每位教师协同行动，将其视为全部教育计划中的一个构成因素。

二、应急管理：自律的系统方法

应急管理（Contingency Management）是一种合同形式行为影响方法。其中，如果学生成功地完成了任务，那就可以自由选择活动，以作为自己良好行为的一种奖励。实施这种管理，师生间所达成的协议要由下列两个主要因素构成：①教师要答应给学生提供自由参与自己喜欢的活动的机会；②学生为了获得自由支配的时间，必须答应完成特定的学业任务或矫正自己的问题行为。当有的学生的行为不仅阻碍了他（或她）自己或别人的学习时，这种行为管理方法通常甚为有效。"应急管理"的主要目标是在班级环境下，帮助学生对自己偶发性不良行为进行有效的自我管理。

计划和实施"应急管理"法包括如下步骤：

第一步：确立强化单。学生在完成了所要求的任务后，便可从强化单中选择自己所喜欢的活动或东西。强化单的内容包括：

①看电视；

②给另外的学生辅导作业；

③看报纸、杂志；

④到图书馆自由阅读；

⑤建造航模；

⑥听录音。

…………

有一点必须明确，即只有在学生完成既定任务之后，方可选择强化单中的活动。

第二步：安排教室。为了使这种管理方法更顺利地进行，一般将教室分为两部分，有条件的可以在两个房间内进行。一个部分称为"任务区"；另一部分称为"强化区"。在这样规划教室之前，应仔细考虑房间的物质特点、小组的规模及可供利用的设施和其他物资。

第三步：时间分配。学校的每日时间划分为两部分，一部分满足正常的教学任务（称为"任务时间"）；一部分满足学生的强化活动（称为"强化时间"）。教师可用非口头语言形式，如黑板、灯、铃等，来通知学生从一种活动转入另一种活动。那些完成了既定任务的学生方可有资格进入"强化区"活动。

第四步：任务的计划。该程序的一开始，给学生的任务应在学生力所能及的范围内，这样给学生体验到成功的喜悦；以后逐渐增加任务的难度。在执行过程中，教师要随时观察，必要时对任务作出适当的调整。一般说来，教师给学生安排的任务应在15分钟内完成。

第五步：程序的解释。该计划的解释应通过小组讨论的形式来完成。必须注意要让学生参与程序的讨论，包括程序中所用的规则、形式及其他构成要素。教师要向学生强调指出，只有通过师生间共同合作，问题才能得到解决。

"应急管理"计划在形成有利于学习的班级环境中有着极其重要的作用。教学计划的成功与失败取决于教师能否建立并保持一种有利于学习的班级环境。

三、班级的社会气氛

班级的社会气氛是指存在于学生之间，以及学生和教师之间的情感。它在学生自律能力的形成中起着重要的促进作用。有的研究给班级的社会气氛归纳了一个范畴，如竞争、合作、压制、放任等。要在班级中建立起合作的气氛，教师应有能力，有方法去组织和指导学生的小组活动。有效的小组活动非常有助于学生获得社会化的技能，也有利于班级良好秩序与舆论的形成。教师必须在放松控制时有足够措施来保证突然的自由给班级带来的无秩序状态。

班级中的竞争气氛也应该去培养，因为我们的社会就是一个竞争的社会。学生在校就应该学会用积极而有效的方式去参与竞争。但校内的竞争气氛应该是友好的，不仅强调取胜，而且要强调遵守竞争规则。积极的竞争应具备下列一些条件：

（1）竞争时应让参与竞争的学生基本上站在同一水平线上；

（2）应有明确的竞争规则；

（3）要达到的目标不能太难，否则会迫使学生作弊；

（4）学生的失败不应导致他们低人一等的感觉，而应使他们对自己的长处和弱点有一个更为现实的理解。

压制型的班级气氛中，学生的权利的受到限制，并不可能参与计划的制订。学生的行为和语言都要求一致化，而且只有被动地去听教师的指挥。这种气氛也最容易引起学生的逆反，如有意折断铅笔、大声地清嗓子、擤鼻涕、扔东西，以及其他类似的手段。压制型的班级气氛迫使学生将他们的精力用于对付教师身上，而不是去成功地完成学习任务。

在所有的班级社会气氛中，无秩序的混乱气氛恐怕对学生最为有害。这种气氛表现为班级中没有行为标准、没有活动计划。学生的行为常常是无纪律的，具有破坏性的。

有效的班级社会气氛并不是自动形成的，其中需要教师遵循人的心理规律，应用社会性指导技术去促使学生之间、师生之间的合作。尤其重要的是，教师要形成面对面交流和小组行为技能。班级管理的实践证明教师与学生的交流能力，在很大程度上影响着师生关系的发展，也影响着班级社会气氛的性质。教育者要加强这方面的训练，让每位学生在良好的班级气氛中学习与生活。这种良好的班级气氛也是促进学生走向自律的极其重要的因素。

四、对教师的几点具体建议

教师在促进学生走向自我管理的过程中，必须首先意识到，现实中，存在着许多阻碍学生自律的因素，概括地讲，主要包括：

（1）教师与学生人格之间不恰当的匹配。我们知道，互补型的人格最容易取得合作，但我们在安排教师工作时，很少考虑这一点。

（2）贫乏而僵化的教育方法。

（3）教师独断地主宰着整个班级。

（4）班级纪律的实施过程中，缺乏学生的参与，特别是班级纪律规则的形成与制订中，很少让学生去讨论、协商。

（5）学生往往缺少通过自己独立学习与活动来获得成功的机会。

（6）孤立或不相关的学科内容。

（7）家庭环境不利于促进学生的自律。

（8）因一个学生的错误行为而惩罚整个班级。在纪律中没有体现出个别性的原则。

（9）班级环境往往容易造成学生更多地去依赖教师或其他同学。

（10）僵化的教育组织形式，不允许学生独立地和创造性地发展和表现自己。

教师还得在克服诸多阻碍学生自律的因素方面做出不懈的努力，最终促进学生对自己的行为负责。

第三节　学生行为的自我调适

在培养学生自律人格的过程中，不仅要教会学生良好行为的自我养成，而且要使他掌握行为自我调适的技能，也就是较强的自我适应、自我教育能力。

一、行为自我调节的概述

所谓的行为自我调适，是指对自己的行为加以控制，并决定行为的发展轨迹。也就是说，行为的自我调适是为了在新的特定环境下学会新的行为反应，并调整过去已经形成的不适合目前环境要求的那种行为方式。

现实中常常有这样两种情况：

1. 有时这么行动了，但却并不是自己所希望的。比如，参加考试时，有的学生会焦虑、紧张，但这并非自己所希望的。其实，如果自己能静下来，慢慢地去思考，也许就会记起更多的信息，表现出更高的水平。这时我们就有愿望去消除考试时变得紧张的行为反应。

2. 有时并没有按照自己的愿望去行动。比如，有的学生可能知道不认真学习是不会取得好成绩的，但自己却真的没有认真学习。这种情况下，就会有愿望去增加自己的学习行为。

造成以上情况的原因是多方面的，但主要是因为：

第一，人的行为是环境的函数。"函数关系"是数学里的概念，这里借来表示，要想改变我们的行为，首先应该改变环境。

第二，行为是可以习得的。人的行为虽然是环境的函数，但并不是一种单向的因果关系。有时，人的行为还会影响环境。每个人不同的习得经验也会影响到他的行为表现。这就是为什么在同一特定的环境下，不同的人会有不同的行为反应的原因。这时，环境的作用表现为对某个人习得性行为的唤起。

无论以上何种情况，行为的自我调适就意味着在特定环境下，我们应该进行一种新的自我学习方式.

行为的自我调适有下列几个特点：

第一，主要集中在行为方面；

第二，它常常应用有关的学习理论；

第三，非常强调积极的强化；

第四，自我调适计划恰当便会自然导致学生新的学习方式；

第五，自我调适计划的设计与执行要由调适者本人去完成。

这里强调一点，自我调适中极其有效的一种手段即及时的积极强化。这就要求自我调适中，要尽力安排一种环境，在那里，期望的行为可以得到积极的强化，不期望的行为自然得不到强化。这样也就能够使良好行为不断强化，不良行为逐渐减少。

二、自我调适的基本过程

行为的自我调适，一般来说，包括如下四个基本环节。这四个环节都要由学生亲自完成。

1. 确立目标行为

所谓目标行为，是指学习者或教师希望强化或减轻的那些行为反应。通常用以形容不良行为或良好行为的词语都很抽象，如攻击性、敌对、依赖、独立性等。这些语言难以对学生的行为自我调适起到具体作用。

这里有必要将学生的行为与其发生的特定环境联系起来加以考虑，这也就是确立行为目标的一个基本原则。

具体地说来，目标行为的确立有下列一些方法：

（1）实例列举法

通常，学生在确立目标行为时，讲得太笼统，没有从行为发生的具体环境出发确立具体的目标行为。比如，他（或她）常说："我非常具有攻击性。"但当教师问道："你在什么环境，什么前提下会有攻击性行为发生?"他（或她）却说：　"不知道。"这无济于行为的自我调适。

所以，确立目标行为的第一种方法就是在学生的现实生活中确实找出3－4个以上的例子来说明自己真的存在着某种不期望的行为反应。实例列举有助于自己找到问题行为发生的环境因素，更有利于行为的自我调适。

（2）自我观察法

当学生开始考虑自己的行为时，往往对其性质感到模糊。例如，有的学生仿佛觉得自己具有攻击性或依赖性，但又不能确切知道是哪种行为有这些特点。这时，学生就有必要成为自己行为的观察者。

确立目标行为首要的一步是停止对自己行为的猜测，而代之以现实的观察。在学生开始在各种环境下观察自己行为之前，对自己行为的思索都将是不清晰的，笼统的。

不仅要观察自己的行为，而且要随时作出观察记录。你的目标是要收集各种环境下自己的行为表现。当收集记录到一定数量以后，坐下来阅读分析记录时，也许就会发现自己行为的某些一般特点。

最好的记录方法是，当你感到自己的行为有问题时，就将这时的行为反应及其当时的情境记录下来。这样既简洁，又实用。

（3）追溯原因法

为了更准确地找到目标行为，你除了观察、记录自己的日常行为外，还要有意识地去追溯某种行为发生的原因。例如，有的学生说："我常常感到烦躁不安。"这是一种行为表现，但其原因在哪里，往往感到模糊，说不清。这就要采取追溯原因的方法来找到这种模糊感觉的具体情境和原因。

（4）咨询法

确立自己的目标行为，除了自己的自我观察、记录外，还需要请求周围人的帮助。如教师、心理咨询专家或自己要好的朋友等。通过他人对自己的观察和评价来更正确地认识自己。在寻求别人的咨询时，你要心甘情愿，不得勉强。而且要向咨询者说："请您告诉我，我应该在哪些行为上有所改变，而不是笼统地说我如何如何。"

（5）榜样法

当你在确立自己的问题行为及寻找解决办法时有困难，你可以去观察一下别人是如何获得你所希望的那种成功的。例如，一位要增强自己社交活动能力的学生，他就去主动参加学校的各种社团活动，在活动中，在与他人的接触中，他发现有许多人在社交中表现出良好的技能，而且会发现自己在哪些方面不足，从而为自己以后的行为调适找到了目标行为。

通过以上几种方法，你初步可以确定自己的目标行为，包括具体的行为表现及其发生这种行为的情境，并例表说明这些情况，从而为行为自我调适的下一步工作做好准备。

2. 测算目标行为发生的频率

一当确定了目标行为，就应对这些目标行为发生的实际频率作出估算。也就是说，对某种目标行为的严重程度作出自我估计。这是一项比较困难的工作，但却必须去做。在这种估价工作中，应注意三个基本问题：①目标行为发生频率；②目标行为发生的前提条件；③目标行为将会导致的后果。

这里，最为重要的是关于目标行为的发生频率。关于这一问题的信息被称作目标行为的"基线"。对这一"基线"的掌握尤为重要，因为它对学生将来衡量行为自我调适有效性极其重要，甚至是唯一的比较标准。

测算目标行为最简单易行的方法是行为的自我记录。这种记录方法必须简便、易于随身携带，而且一定要笔录，不得用心记，将来靠回忆，这样会失真。

特别应注意的一点是，不要凭借几次记录就给某一行为下一种定性的结论。现实中，许多行为自我调适方法失败的原因之一，就是所确定的目标行为不恰当，或者说对目标行为的"基线"缺少充分的证实。也就是说，如果学生的某种行为并不是经常如此出现，那就需要继续搜集有关这方面的信息，进一步加以证实。"基线"确立的情况会直接影响到下一步"干预计划"的有效性，因此必须慎重。

3. 制订干预计划

实施自我调适的人所做出的旨在改变实际生活中某些行为进程的计划，就叫作"干预计划"。一项干预的重要性在于强化期望的行为，抑制不期望的行为。

干预计划中，最常用的方式之一就是"自我合同法"，即如果我们准备对自己的某种不理想行为进行自我干预，就应该以书面的形式自我签署一项合同，其中每一步都应带有一定形式的强化。没有强化的自我合同是不会起到干预作用的。

下面举一个例子说明自我合同法的行为干预原理。

一位初中二年级女生，平时几乎不和老师交流想法，提出问题，因为她害怕老师，即使和老师交谈，也是因个别学习问题不明白，而匆匆问上几句，而且只和个别老师敢这样。于是她决定采用"自我合同法"来干预自己的不理想行为。其干预计划如下：

（1）目标行为：增加与老师的交谈次数。

（2）基线：几乎为零。即很少与老师交谈。

（3）干预计划：因为我几乎不和老师谈话，所以我要逐渐改变这种行为，于是制订下列程序：

第一步：见了任何老师都问好。

第二步：与一位老师谈 15 秒钟。

第三步：与一位老师谈 30 秒钟。

第四步：与一位老师谈 2 分钟。

（4）结果：这是一种初级的自我合同，其优点在于这位女生意识到她应逐渐形成自己善于与他人交往的能力，于是她采取了日常生活中的行为方式，并以小步子去完成。后来却发现这种计划是失败的，所以她开始调整干预计划。首先指出上一计划失败的主要原因是以主观愿望出发，而没有考虑到教师的时间与教师对自己的了解程度。

这次调整后的干预计划，她选择了以前曾与她交谈过，而且她很喜欢的一位老师作为交谈对象。她首先向这位老师说明了自己的想法以及上一计划失败的原因，这位老师对此也很感兴趣。于是她采取了下列几个步骤：

第一步：在走廊里与这位老师交谈 15 秒钟。

第二步：与这位老师谈 30 秒钟。

第三步：与这位老师谈 1 分钟。

第四步：与这位老师谈 90 秒钟。

第五步：与这位老师就某一话题谈 5 分钟。

以上每步，她都要找三次机会去重复进行。交谈地点可以在走廊、教室、办公室。

结果：由于这一行为调适计划争得了教师的同情与理解，教师每次耐心而且认真地与这位女生交谈本身就是对这位女生行为的一种强化，因而为这位女生学会良好的人际交往技能提供了很大的帮助。这一过程必须要求学生自己主动、大胆。一开始可能很困难，这就需要自我合同的约束力要发挥作用，以后会逐渐习惯，并掌握这种技能。

4. 干预效果评估

自我调适是否有效？干预结果是否明显？这就需要作出评估。评估的基本方法就是在干预一段时间后，再察看一下目标行为的发生频率。这样将干预后的行为状态与干预前的"基线"作比较，便可基本看出干预的效果。

有一点要切记，在干预过程中，应连续记录目标行为的变化情况，这样可以在干预结束后，提供显明的动态图形，因而更生动地说明干预的效果。

下图是某中学生就加强自己在班级中讲话能力所作的干预过程记录图。它生动地显示了自我调适的过程与效果。

三、意志力与行为的自我调适

关于行为的自我调适，首先会让人提出这样的问题：自我强化真的能发挥作用吗？行为的自我调适需要一个人多大的意志力？

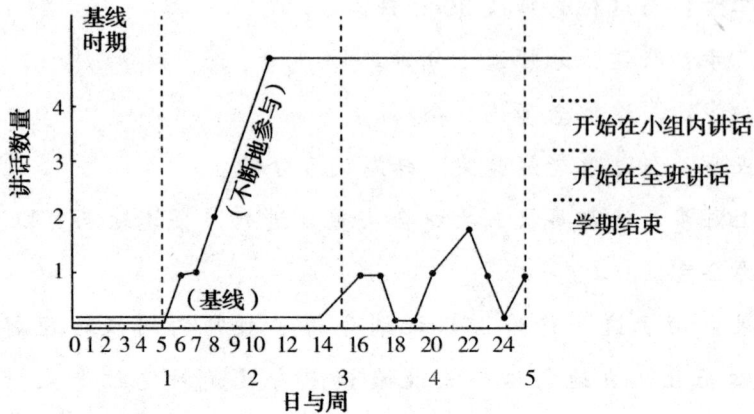

在班级中讲话的频率变化图

1. 何为意志力

一般语义学认为，意志力就是指人的自我约束能力。比如，"我有意志力不去吃那么多!"有时，意志力是指为了长远目标或个人价值而拒绝眼前满足的力量；还有的将意志力解释为去做暂时得不到报偿的很困难的事情。哲学意义上的意志力，就更为一般化。它常被解释为人的一种精神，这种精神指引，甚至决定一个人的命运。

自我调适的实践充分证明，要成功地完成行为的自我调节，必须有一定程度的意志力。这种意志力体现为：

（1）要有意志力将自我调适计划成功地实施完毕。

（2）在实施自我强化时，一定要按照自我合同的标准给出，不得提前，也不得过量强化。

（3）在自我调适中不得有作弊、自我欺骗的行为，甚至想法。

（4）某一自我调适计划失败后，要有信心再去设计一个方案，这就要求有强烈的愿望去改变或学会某种行为，这也就体现为一种意志力。

2. 自我强化的作用

基于对意志力问题的考虑，有的人也会提出这样的问题：强化由行为者自己掌握，会有效吗？

班都拉和珀洛夫（Bandura，Perloff）的研究表明：强化就是强化，无论是由谁来实施。也就是说，行为的自我强化同样会有效。凯恩弗（Kanfer）和马斯顿（Marston）等人在1970年进行的研究也同样证明了类似的结论。他们说，自我强化会导致精确的行为反应。有时甚至比外在强化更有效。当然，这并不是说自我强化无局限性。相反地，它仍存在着难以避免的不足。

四、自我调适的局限与教育者的帮助

行为的自我调适固然是有效而可行的，而且是学生行为自律的重要形式，但这并不是完全排除来自教育者的帮助，有时甚至包括心理学专家的指点和帮助。

客观地讲，行为的自我调适不总是有效的，这样就更需要来自外部的帮助。来自外部的辅助技术很多，如何选择却需要一定的标准和实践经验。

1. 自我调适的局限

有时，单一的自我调适过程是无效的。于是就需要其他方法的辅助。自我调适的局限性，主要包括下列三方面：

（1）目标不明确

确立特定的行为目标是自我调适的第一步。这也是关系到计划是否有效的第一个因素。实际上，在学生实施具体每一步之前，是难以确定具体步骤的。或者说，学生自身所要改变的行为是否有明确的价值指导。实际上，很少有学生不愿意将自己的学业搞得更好一些。但自我调适计划关心的往往不是如何增强学习，而是是否要使这种行为发生改变。一个学生可能会问自己："我真的想那样做吗？学校对我就那么重要吗？""我的未来要上大学，而何为未来？我真的需要那样的

未来吗?""我需要知道什么? 我想要知道什么?"这些问题都可能在任何一种自我改变计划之前提出。这就使自我调适的目标行为更加相对化, 不精确, 甚至模糊。

如果缺乏清晰, 具体的目标, 实施自我调适计划就是无效的。当然, 自我设问有时是具有创造性的, 相应的紧张体验也是有价值的。但对于一些学生来说, 这种不确定性却导致了他们较大程度上的情感混乱, 以至于干扰其所做的事情, 也在很大程度上影响学生自身的决策能力。由此看来, 在许多情况下, 要进行自我调适的人首先应做的是向教育者或专门从事心理学研究的专家提出咨询。通过咨询, 结合自己的判断将目标行为搞得更确定一些。

（2）干预计划设计中的技能不足

行为干预中的许多技术会直接影响到干预的效果。自我调适要求实施者必须具备一系列相应的技能与知识。如果一个人缺乏设计解决特殊问题的方法的能力, 那他（或她）想要进行的自我改变行为也是不可能发生的。没有充分的知识基础, 没有大量的学习, 自我调适是不会取得成功的。

处理任何问题的效果都要受到两个因素的制约: 一是自身的技能; 另一个是问题的难度。可见, "充分的技能"并不是一个绝对的概念: 在某些问题上, 自身的技能是充分的; 而在另一些问题上, 自身的技能可能会不足。提高技能也意味着学生所处理问题的范围及其难度的扩大与增加。

同样地, 任何一个要进行自我调适的人, 都会遇到使他们难以应付的技术性问题。这就使争取外部的关心与帮助显得尤为必要。自我调适的每一环节都会出现一些难以处理的问题, 充分利用和发挥教育的辅助作用, 至关重要。

（3）难以充分地控制自然环境

有些时候，自我调适的无效并不是由于技术问题，而是由于调适的自然环境发生了作用。自然环境常常是棘手而复杂的。这些自然环境包括一个人自我调适时所处的那些可控制和不可控制的任何人或物。比如小组成员的人数、班级气氛、天气、光线、噪音等。这都会在一定程度上影响到自我调适的效果。而这些因素，有时是不能靠个人的主观控制可以解决的，需要教育者和同伴的合作。

2. 来自教育者的帮助

教育者，包括心理学专家对学生的自我调适提供帮助，这是必须的，但又不是一件随便可以完成的事情。这种帮助必须是职业性的，即帮助者首先要有自我调适的较为充分而熟练的知识与技能。

对自我调适者的帮助，其基本的策略就是为自我调适者设法创建新环境，以此来促进其新行为与新感情的形成与发展。建立新环境的这种帮助，形式多种多样：有时可对调适计划直接给予指导、咨询；有时帮助者自身便是一种新环境的构成因素。可见，教育者或心理学专家，一方面可以为自我调适者提供一个正式的社会环境，另一方面自身的状态也可能构成一种强化因素，影响自我调适者的活动进程。

来自教育者的帮助，对自我调适者来说，不应该是强迫的，违背自我调适者意志的。因为自我调适者行为与情感的变化，最终要通过自我指导，自我领悟方可完成。因此，教育者，包括心理学专家一定要懂得，只有在自我调适者有改变行为的动机，并作出积极的努力时，他们的咨询与帮助才会有效。自我调适者也要清楚地意识到，自己在选择外来帮助时，始终要将自己放在自我调适计划的中心位置。而且要知道，自己所选择的帮助是为自身创设一种新环境，进而有助于自己的努力。

创设新的环境，有许多技术，但要根据自我调适者所面临的特殊问题来选择不同的方法或技术。下面所介绍的几种方法，无所谓"好"

与"坏"，只是适应于不同的情况而已。

（1）启发式咨询

在学校中最常用的就是"启发式咨询"技术。它是一种非直接指导性的咨询，因而也叫"患者中心"咨询技术。这种技术包括正式的咨询者与来访者之间的私人谈话。咨询人员的要为来访者创造一种随便而无任何挑剔的特殊环境，并对来访者所诉说的一切都以手势、表情或语言给予接受。咨询者尽量少说，只局限在简略地提出问题或复述来访者的陈述。这样才能更准确地理解来访者的意图。

这种情境，确实是一种新颖，甚至独特的人际环境。这种环境下，来访者由于众多的陈述都受到了咨询人员的肯定或强化，这样，他（或她）就会更乐于讲更多关于自己的问题。这是自我调适者良好的自我暴露机会，他（或她）可以在这种环境下，自由思维、自由表达。这不像日常其他环境，其中没有批评，没有呵斥，没有嘲讽，没有争论等。

达种非直接指导式的咨询方式，会造成自我调适者更大程度上的自我接纳，树立信心，对自己的目标行为作更清晰的判断，从而有利于自我调适计划的顺利开展。研究也表明，启发式咨询也有助于增强学生的自尊心。然而，启发式咨询对于特殊问题或难度较大的自我调适计划设计而说，并非一种最有效的方法。

（2）心理分析法

心理分析技术是由 S. 弗洛伊德及其同事所创立的。心理分析的主要理论包括：心理组织理论、人格发展理论、社会组织理论、变态行为发展理论及心理问题治疗理论。我们这里只提及一下心理问题的治疗。作为一种治疗技术，心理分析包括定期的，有时是每日、每小时内所进行的心理分析学家与患者之间的私人会谈。患者要做的就是自由联想式地说出自己所想到的话题。交谈的早期阶段，心理分析者几乎不说什么，所说的都是为与患者建立或保持和睦的关系。后来，分析者可以就患者的行为与思想作一些解释。这虽然是一种简单的技术，但进行起来，并不容易，因为这要求分析者从患者那里获得巨大的感情投入，而且使患者对分析者的沉默所感染，如同进入催眠状态一般。这就是说，心理分析法首先要使患者失去正常的行为反应，而与分析者建立一种新的人际关系，并使患者按照分析者的愿望去行动。这在专业上称为治疗性"复归"。在这种"复归"状态中，患者将重建其有效而成熟的行为与情感模式。其中，分析者的语言暗示与强化尤为重要。当然，在自我调适中应用心理分析法，自我调适者实际思想与行为的分析，更多的是由调适者自己去完成。这种意义上讲，心理分析又是一种自助技术。

心理分析技术要求应用这种技术的人要有较好的言语技能、自我反省的决心、理智的人格和极大的耐心。在我们看来，弗洛伊德式的心理分析技术只会以间接的方式影响到今天的心理咨询活动。

（3）小组治疗法

小组治疗法是指大约7-8位自我调适者，定期地与职业心理治疗学家举行会谈，从而解决一般或特殊的人格适应问题。这种以小组形式所完成的行为指导，要求小组成员在年龄、行为问题等方面要基本一致。会谈时间，每次在1个小时左右，一周至少1次，并连续进行。

小组治疗法有其优势，也有其不足。因为会谈有更多的人参加，所以形成的人际关系也就更复杂、易变。这一点使治疗环境更接近生活实际，具有代表性。这是一种优点，但同时又是一个弱点：难以控制小组活动。

小组治疗法还有一个优势就是小组成员之间有可能形成一种协同活动，相互帮助的关系，并以一种社会环境的方式对每个人产生约束力。但这种方法又难以有效地处理每个人个别的情感问题，有时又不利于自我调适计划的独立进行。总而言之，小组治疗法是一种有利有弊的方法，可供具体情况下选择使用。

通过以上论述，我们认为，自我调适者在选择帮助者的时候，要认真而慎重，帮助者也要从伦理和人道精神出发，对自我调适者保持积极的责任心。帮助者的活动，无论如何都要成为对自我调适者自主活动的促进，而非替代或强迫，因为自我调适者并非精神病患者。这一点必须明确。以上各种方法也是从学生自我调适、行为自律意义上使用的。